U0910559

传统文化价值传承与思想政治教学

齐爱军　　主编

中国纺织出版社

内 容 提 要

中国的传统文化是一种注重人的道德修养和人格完善的伦理型文化，能够更加强化文化育人的作用，从而达到进一步改进学生思想政治教育工作的最终目的，在思想政治教育上有深刻的现实意义。本书从传统文化的价值入手，寻求传统文化与思想政治教育的契合点，以期达到鼓舞学生、教育学生的目的。

图书在版编目（CIP）数据

传统文化价值传承与思想政治教学 / 齐爱军主编
.-- 北京 : 中国纺织出版社，2019.11(2025.5重印)
ISBN 978-7-5180-3862-6

Ⅰ. ①传… Ⅱ. ①齐… Ⅲ. ①中华文化－文化研究②思想政治教育－研究－中国 Ⅳ. ①K203②D64

中国版本图书馆CIP数据核字(2017)第178669号

责任编辑：韩 阳　　责任校对：王花妮　　责任印制：储志伟

中国纺织出版社出版发行
地址：北京市朝阳区百子湾东里A407号楼　　邮政编码：100124
销售电话：010—67004422　　传真：010—87155801
http://www.c-textilep.com
E-mail：faxing@c-textilep.com
中国纺织出版社天猫旗舰店
官方微博http://weibo.com/2119887771
河北晔盛亚印刷有限公司印刷　各地新华书店经销
2019年11月第1版　2025年5月第2次印刷
开本：880×1230 1/32　印张：6.5
字数：250千字　定价：85.00元

凡购本书，如有缺页、倒页、脱页，由本社图书营销中心调换

前言

中国的传统文化是一种注重人的道德修养和人格完善的伦理型文化，能够更加强化文化育人的作用，从而达到进一步改进学生思想政治教育工作的最终目的，在思想政治教育上有深刻的现实意义。本书的主要内容是明确传统文化的价值，结合初中政治教育的现状，将思想政治与传统文化结合起来对学生进行思想政治教育；从传统文化中汲取精神力量，使传统文化成为思想政治教育的精神源泉，并将传统文化本身所蕴含的价值通过思想政治课教学传承下去。本书从传统文化的价值入手，寻求传统文化与思想政治教育的契合点，以期达到鼓舞学生、教育学生的目的。

传统文化，是指“在长期的历史发展过程中形成和发展起来，保留在每个民族中间具有稳定形态的文化，它是一个民族的历史遗产在现实生活中的展现，有着特定的内涵和占主导地位的基本精神，它承载着一个民族的价值取向，影响着一个民族的生活方式，聚拢着一个民族自我认同的凝聚力”。在两千多年的历史中，传统文化中的道德精神、民族精神、思想观念和思维方式深入国人思维深处。作为中华民族历史的精彩浓缩以及中华民族赖以生存和发展的精神支撑，中国的传统文化蕴含着丰富的教育资源，具有强大的思想政治教育功能。传统文化以其丰富的教育方法、稳定的渗透能力、内省性的教育效果等独特优势对社会主义市场经济条件下提高个人道德品质、激发爱国主义精神、凝聚民族精神、增强民族自尊心和自信心起到重大的作用。

作者

2017 年 5 月

目录

传统文化

第一章　传统文化的渊源

第一节　传统文化相关概念的阐述

一、何谓“文化”

“文化”是人们十分熟悉的字眼，无论是高雅的艺术还是低俗的喜剧，无论是古代的石人木马还是现代的飞机战舰等，都是文化。我们每天的吃、穿、住、行，言、动、视、听都表现为一种文化。人类创造了文化，而文化又塑造了人类。总之，文化作为一个庞杂的系统，包罗万象。它就像我们周围的空气一样，无时不在，无处不有。文化是一种社会现象，它与人类社会同时存在。但要对文化下一个大家都接受认可的定义，确实是一件极不简单的事情。因为人类活动之处皆表现为不同种类的文化现象，所以试图给文化下定义的人们总是从不同学科、不同视角解释文化一词，从而使文化形成一个具有多种含义的概念。

西方对文化有不同的界说。17 世纪的德国学者 S. 普芬多夫（1632—1694）就对“文化”做过界定。他认为文化是社会中人的活动所创造的东西和有赖于人和社会而存在的东西的总和。之后，“文化”一词逐步被作为人类学、社会学、民族学、文化学等学科的术语来使用。被称为“人类学之父”的英国学者泰勒（E.B.Tylor）（1832—1917）在他的《原始文化》中对文化做了较为经典的解释：“所谓文化或文明，乃是包括知识、信仰、艺术、道德、法律、习俗以及包括作为社会成员的个人而获得的其他任何能力、习惯在内的一种综合体。”再如1971年版的《迈尔百科辞典》中指出文化包含物质文化和精神文化，但主要指的是精神文化，是“人类社会在征服自然和自我发展中所创造的物质和思想财富”。1974年版的《大英百科全书》中对文化的定义做了“一般性”和“多元相对性”的区分。“一般性”的文化就是“总体的人类社会遗产”；“多元相对性”的文化“是一种渊源与历史以及生活结构的体系，这种体系往往为集团成员所共有”，主要指这一集团的“语言、传统、习惯和制度，包括有激励作用的思想、信仰和价值，以及它们在物质工具和制造中的体现”。1981年版的《法国大百科全书》中认为文化“是一个社会群体所特有的文明现象的总和”，包括“知识、信仰、艺术、道德、法律、习俗，以及作为社会成员的人所具有的一切其他规范和习惯”。

西方对文化的界说对我国学界有较大影响。我们今天使用的“文化”一词，是19世纪末从日本引译西方过来的。在西方，“文化”一词的原型是拉丁文“cultuta”，其本意指耕作，后引申作居住、练习、注意等多重含义。英文、法文的“文化”一词写作“culture”，是从拉丁文“cultuta”演化而来的，最初有栽培、种植之意，并引申出教育、修养、礼貌、知识、情操、风尚等含义。此外，1973年版的《苏联大百科全书》中对文化做了广义和狭义之分，认为广义的文化“是社会和人在历史上一定的发展水平，表现为人们进行生活和活动的种种类型和形式，以及人们所创造的物质和财富”；狭义的文化“仅指人们的精神生活领域”。这也对我们理解文化有着重要影响。在国人对文化的界定中，如梁启超在《什么是文化》中认为：“文化是一种文明所形成的生活方式。”梁漱溟在《中国文化要义》中认为：“以文字、文学、思想、学术、教育、出版等为文化。”任继愈在《民族文化的形成与特点》中认为文化“专指能够代表一个民族特点的精神成果”。由上述可见，对文化概念的解释众说纷纭，莫衷一是，这就凸显了我们词源学角度对“文化”进行探讨的必要性。在中国固有的语言系统中，“文化”是“文”和“化”这两个字的复合必要性。“文”的本义，是指各色交错的纹理。《易·系辞（下）》载：“古者庖牺氏之王天下也，仰则观象于天，俯则观法于地，观鸟兽之文与地之宜，近取诸身，远取诸物，于是始作八卦。”“物相杂，故曰文。”《礼记·乐记》载：“五色成文而不乱。”《说文解字》载：“文，错画也，象交文。”这些均是此义。随着“文”的词义的衍化，其内涵亦趋丰富。如由包括语言文字在内的各种象征符号引申为具体的文物典籍、礼乐制度；由伦理之说导出色彩、装饰、人为修养之义；在前两层意义上，又引申为美、善、德行之义。“化”的本义为改易、生成、造化等意。如《庄子·逍遥游》载：“化而为鸟，其名曰鹏。”《易·系辞（下）》载：“男女构精，万物化生。”《礼记·中庸》载：“可赞天地之化育”等。在“化”的使用过程中，也指由事物形态或性质的改变，进而引申为教行迁善之义。

把“文”和“化”合起来使用，较早见于战国末年。《易·贲卦·彖传》载：“刚柔交错，天文也。文明以止，人文也。观乎天文，以察时变；观乎人文，以化成天下。”这里是说，治国须观察天文，以明了时序之变化，又须观察人文，使天下之人均能遵从文明礼仪，行为举止得当。可见，“人文”是“化成天下”的前提，“以文教化”的思想已十分明确。西汉以后，“文”与“化”合并为一词使用。（汉）刘向《说苑·指武》载：“凡武之兴，为不服也。文化不改，然后诛之。”（晋）束皙《文选·补亡诗》载：“文化内辑，武功外悠。”这里的文化，或相对于自然现象而言，或相对于没有经过教化的“质朴”“野蛮”而言，意指文的教化传播，以文化人。

从上述我们可知，西方传统的“culture”和中国传统的“文化”在词义上是有一定差别的。“culture”是从人类的物质生产活动出发，然后引申到社会领域和精神领域，主要强调的是人与自然的关系。“文化”强调的是人类社会活动，偏重于精神领域。很明显，“culture”的内涵比“文化”更为深广。同时，从其含义来说，两者都有一个共同的本质，即都强调人的有意识、有目的的活动。

文化作为人类社会的现实存在，随着社会生产力的不断发展，内涵也在不断丰富。近代以来，由于欧洲文艺复兴带来的人类理性权威重树和“地理大发现”带来的人类视界的开阔，“文化”成了一个内涵丰富、外延宽广的多维概念，成为众多学科探究、阐发、争鸣的对象，并形成了一些共识：人类从“茹毛饮血，茫然于人道”演化而来，并逐步形成了与“天道”既相联系又相区别的“人道”，这便是“文化”的创造过程。在文化的创造与发展过程中，人是主体，自然是客体，而文化便是人与自然、主体与客体在实践中的对立统一物。文化的出发点是从事改造自然、改造社会的活动，进而改造自身，使人成为真正意义上的文化人。文化的实质是“人化”或“人类化”，是人类主体通过社会实践活动，适应、利用、改造自然界客体而逐步实现自身价值观念的过程。这一过程的成果体现，既反映在自然面貌、形态、功能的不断改观，更反映在人类个体与群体素质的不断提高和完善。

综上所述，“文化”的含义可以概括为：人类有意识地作用于自然界和社会乃至人类自身的一切活动及其结果。

二、广义文化与狭义文化

“文化”的内涵和外延极其宽广，使得研究文化的学者们往往感到无从下手。

美国文化人类学家洛威尔（A.Lawrence Low）曾对自己的文化研究工作感慨道：“在这个世界上，没有别的东西比文化更难捉摸，我们不能分析它，因为它的成分无穷无尽，我们不能叙述它，因为它没有固定形状。我们想用文字范围它的意义，这正像要把空气抓在手里似的，当我们去寻找文化时，除了不在我们手里以外，它无处不在。”人们在使用“文化”这一概念时，其内涵、外延往往有较大差别，故学术界对文化有广义和狭义两种界说。广义的文化着眼于人类与一般动物、人类社会与自然界的本质区别，着眼于人类卓立于自然的独特生存方式，主张把人类创造的一切物质生产和精神创造的成果都视为文化的研究对象。狭义的文化是排除了人类历史生活中物质创造活动及其结果，而专指精神创造活动及其结果，认为只有社会意识形态才是文化研究所要关注的对象。《辞海》对文化一词进行了综合释义：“从广义来说，指人类社会历史实践过程中所创造的物质财富和精神财富的总和。从狭义来说，指社会的意识形态，以及与之相适应的制度和组织机构。”

三、文化与文明

我们在上面已对文化做了说明和界定。“文明”一词，在中国古代典籍中的出现早于“文化”，二者有相近的含义。甲骨文的“明”字有两种写法：一是由“日”“月”两字组成，用来计时，表示月落日出、日月交替之际，即拂晓时分；另一种写法是由“月”和一个窗形的结构组成，意思是月光照进窗内，表示光亮之意。《尚书·尧典》称尧：“钦明文思。”《尚书·舜典》赞舜：“浚哲文明，温恭允塞。”孔颖达疏：“经天纬地曰文，照临四方曰明。《诗》云：‘温温恭人’，言其色温而貌恭也。舜既有深远之智，又有文明温恭之德，信能充实上下也。”蔡沈《书集传》：“深沉而有智，文理而光明。”这里的文明是文德之义。《周易·乾卦·文言传》：“见龙在田，天下文明。”孔颖达疏：“天下文明，言阳气在田，始生万物，故天下有文章而光明也。”这里的文明是光明美好之义。《周易·同人·彖传》：“文明以健。”王弼注曰：“行健不以武，而以文明用之，相应不以邪，而以中正应之。”这里的文明是礼乐制度之义。《周易·革·彖传》：“文明以说。”孔颖达疏：“能思文明之德以说于人，所以革命而为民所信也。”这里的文明是礼仪之义。《周易·贲卦·彖传》：“文明以止，人文也。”王弼注：“止物不以威武而以文明，人之文也。”孔颖达疏：“用此文明之道，裁止于人，是人之文德之教。”这里的文明是文德教化之义。综上，中国古代，文明与社会的礼仪制度、人的礼仪行为以及文德教化相联系，这与文化概念十分相近。

明清以后，随着西方工业文明的传入，在中国传统思想交融中，“文明”的内涵得到了发展和丰富。清代李渔在《闲情偶寄》说：“辟草昧而致文明，是指人类社会开化的状态，与愚昧、野蛮对言。”近代以来，随着西学东渐，学术界用“文明”一词来翻译英文“civilization”。“civilization”是从拉丁文“civis”（市民）和“civilitas”（都市）演变来的，其原意是公民的、有组织的，是指社会生活的规范、准则或道德。德国古典哲学家曾把文化和文明区分为：文化属于深层理想境界和精神生活的宗教、哲学、艺术等，而文明属于表层技术或物质成果。摩尔根在《古代社会》中，把人类社会的发展分为蒙昧、野蛮、文明三个时期。恩格斯把文明时期看成是对野蛮时期的发展和摆脱，是以文字的发明和火器的应用为标志的。

现代意义上的“文明”概念，是一定的社会生产力发展水平的产物，与个体家庭、私有制度和国家制度的产生大体对应。现代意义上的“文化”与“文明”概念，既相联系，又有区别。文化是人类创造的所有物质和建设成果的总和，而文明则是这种成果达到一定发展水平的产物。古代的埃及、印度、巴比伦和中国，都具有五千多年的文明发展史，称四大文明古国但不称“文化古国”，其义在此。正如我们把人类蒙昧和野蛮时期创造的成果，都用“文化”而不用“文明”来表示。

四、传统文化、中国文化与中国传统文化

“传统文化”“中国文化”和“中国传统文化”是相互关联的三个概念，都是立足于“文化”视角提出的。传统文化是相对于现代文化而言的。学界对传统文化的理解不一，至少有四种观点：第一，认为传统文化是在过去一个很长的历史进程中形成的文化；第二，认为传统文化是从过去一直发展到现在的东西，是现代文化的反映；第三，传统文化是指根植于自己民族土壤中的具有稳定形态的东西，但又有动态的东西包含于其中，是过去与现在交融的过程，渗入了各时代的新思想、新血液；第四，传统文化不仅表现在各种程式化了的理论形态方面，而且更广泛地表现在人们的风俗习惯、生活方式、心理特征、审美情趣、价值观念等非理论形态方面。

传统文化不等同于古代文化，它产生于农业时代，主要指封建社会的文化，而现代文化主要产生于工业时代和信息时代。对于不同时代来说，传统文化的内涵不同。传统与现代之间本无一条明显的分界线可寻，文化的转型也绝不意味着文化的断裂，传统文化与现代文化之间不是结果的统一性，而是创造过程的统一性。传统文化所蕴含的代代相传的思维方式、价值观念、行为准则，一方面具有强烈的历史性、遗传性，另一方面又具有鲜活的现实性、变异性，是不断开创新文化的历史根据和现实基础。所以，所谓传统文化，是指在长期的历史发展过程中形成并发展起来，保留在一个民族中间具有稳定形态的文化，它负载着一个民族的价值取向，影响着一个民族的生活方式，反映着一个民族自我认同的凝聚力。

中国文化主要是针对文化的民族性、国度性而言的。世界历史上，各个民族、国家分别在不同的自然、社会历史条件下创造出属于自己的文化。中国是我们中国文化的摇篮。把中国作为一个地理概念时，其内涵经历了一个渐次扩展的过程。我们今天所说的中国文化的地域范围，是中华人民共和国成立后，中国政府与各邻国所签订的边界条约并最终确定的中国疆域。在这片疆域范围内生活的中华民族是中国文化的创造主体。中华民族是现今中国境内由华夏族演衍而来的汉族及其他55个少数民族的总称。

在漫长的历史年代里，随着疆域的变化、社会的发展，中国境内各族间联系纽带愈益强化，民族共同体诸要素（包括共同语言、共同地域、共同经济生活以及表现于共同文化上的共同心理素质）渐趋完备。进入近代，由于西方资本主义殖民势力的侵入，中国境内各族更增进了政治、经济、文化上的整体意识，进一步形成了民族自觉观念，“中华民族”遂成为包括中国境内诸民族的共同称谓。中国文化是中华民族对于人类的伟大贡献。独具特色的语言文字，浩如烟海的文化典籍，嘉惠世界的科技工艺，精彩纷呈的文学艺术，充满智慧的哲学宗教，完备深刻的伦理道德等，共同构成了中国文化的基本内容。

中国传统文化，是指中华民族在漫长的历史长河中创造的独具特色的民族文化。从静态上考察中国传统文化，它是以往人们所创造的物质和精神成果，这些成果凝聚了中华民族的一整套生存样式，体现着民族的精神品质，并以静态的文本样式存在于当代。但是这种静态的文本存在不意味着中国传统文化的静止僵化，而是经历着发展和变化的，是一种生命的绵延。这种生命正如李泽厚所说的，是一种根深蒂固的文化—心理结构，不仅是自觉意识到并加以批评继承的东西，而且是民族意识深层的集体无意识。从动态上看，我们今天面对的文化成果，是不断筛选、积淀、交叉和融合的结果。除了人们不自觉地加以继承的文化—心理结构的集体无意识，自觉地意识到并试图加以批判继承的传统文化成果也是以文本的形式呈现的。

五、文化的结构

文化研究者们往往根据不同的角度和对文化的不同理解，对文化的结构做出不同的分类。如从时间角度把文化分为原始文化、古代文化、近代文化、现代文化等；从空间角度把文化分为东方文化、西方文化、海洋文化、大陆文化等；从社会层面上把文化分为贵族文化、平民文化、官方文化、民间文化等；从社会功用角度把文化分为礼仪文化、制度文化、服饰文化、企业文化等。有的学者把文化分为物质文化与精神文化，或分为物质文化、制度文化、精神文化；有的学者又把它分为物质、制度、风俗习惯、思想与价值四个层次；有的则把文化分为物质、社会关系、精神、艺术、语言符号、风俗习惯六个部分。但目前大多学者较为认同的是把文化分为物态文化、制度文化、行为文化、心态文化、社会心理等五个层次。

（一）物态文化层

通常所称的物质文化，是人的物质生产活动及其产品的总和，是可感知的、具有物质实体的文化事物，是人类从事一切文化创造的基础。物态文化以满足人类最基本生存需要的衣、食、住、行为目标，直接反映人与自然的关系，反映人类对自然界认识、把握、利用、改造的深度，反映社会生产力的发展水平。

（二）制度文化层

人类在社会实践中所建立的各种社会规范的总和。人的物质生产活动只有结成一定的社会关系才能得以进行，这个社会关系是一系列的处理人与人（个体与个体、个体与群体、群体与群体）相互关系的准则，包括社会经济制度、婚姻制度、家族制度、政治法律制度，家族、民族、国家、经济、政治、宗教、社团、教育、科技、艺术组织等。制度文化虽不直接与自然界发生关系，但它的特质及发展水平是人与自然进行物质交换的方式即社会生产力发展所决定的。

（三）行为文化层

人类在长期的社会实践和复杂的人际交往中构成约定俗成的习惯定势，它以民风民俗形态出现，见之于日常起居动作之中，具有鲜明的民族、地域特色的行为模式。民族的、时代的文化既有物质的标识、制度的规范，又有具体社会行为、风尚习俗的鲜活体现。

（四）心态文化层

也就是通常所称的精神文化，是人类在长期的社会实践和意识活动中蕴化育出来的价值观念、审美情趣、思维方式等的总和。这是文化的核心部分。具体而言，心态文化又可以进一步区别为社会心理和社会意识形态两个部分。

（五）社会心理

指人们日常的精神状态和思想面貌，是尚未经过理论加工和艺术升华的流行的大众心态，诸如人们的要求、愿望和情绪等。社会意识形态是指经过系统加工的社会意识，它们往往是由文化专家们对社会心理进行理论归纳、逻辑整理、艺术完善，并以著作或作品等物化形态固定下来，播于四海，传于后世。

今天在说到“传统思维”“传统经济”“传统模式”时，所谓的“传统”往往都带有“落后”“过时”的意味，但似乎唯独谈及“传统文化”时，“传统”就转成了褒义。《汉语大辞典》对“传统文化”的定义为：“一个民族中绵延流传下来的文化。任何民族的传统文化都是在历史过程中形成和发展起来的，既体现在有形的物质文化中，也体现在无形的精神文化中。如人们的生活方式、风俗习惯、心理特性、审美情趣、价值观念等。”

六、文化传统

与传统文化相关的另一个概念是“文化传统”。

传统文化反映的是一个民族的特质和风貌，是其在历史上各种物质形态、思想文化的总体“大集合”。文化传统却是指贯穿于民族和国家各个历史阶段的各类文化的“核心精神”。它不具有形的实体，不可抚摸，仿佛无所在；但它却无所不在，既在一切传统文化之中，也在一切现实文化之中，而且还在你我的灵魂之中，无时无刻不在影响着我们的思维与行动方式。文化传统，更多地属于形而上的，比如“孝悌”“忠勇”等。

传统文化、文化传统就如一枚硬币，既有“A面”，也有“B面”，然而我们却很少去思考这样的基本常识。无论是传统文化还是文化传统，其属性就如传统思维、传统经济、传统模式一样，应该是一个中性概念。既然是中性概念，就有一个“运用之道，存乎一心”的问题，不加辨别地将传统文化一股脑儿地引入校园，难免混淆视听，误人子弟。是的，我们的确曾有高度发达的文明，但这并不能成为今天盲目自信和自豪的根据，特别是在并不理想的教育现状中，对传统文化究竟是全盘吸收、顶礼膜拜，还是重新解构、焕发新姿，已经成为一个现实问题摆在了每个人的面前。

尤其值得警惕的是《弟子规》《二十四孝图》等传统文化读本，其中的许多内容，与其说是要“扬善”，还不如说是纵恶。比如《二十四孝图》宣扬的封建孝道不顾儿童的性命，将肉麻当作有趣，以不情为伦纪，诬蔑了古人，教坏了后人这样的东西；比如《弟子规》中“皇权”“父权”“顺从”之类的东西……如果没有甄别，一股脑儿地照搬，不单是一种不负责任的行为，更是对后代的戕害。

泰勒说：“文化，就其在民族志中的广义而言，是一个复合的整体，它包含知识、信仰、艺术、道德、法律、习俗和个人作为社会成员所必需的其他能力及习惯。”泰勒关于文化的阐述告诉我们，文化不仅包括知识、信仰、艺术、道德、法律、习俗等元素，更要紧的，它是“个人作为社会成员所必需的其他能力及习惯”。这样的能力与习惯，自然是应该有所选择的，而不是简单地照单全收。那么是不是因为这些传统文化中的糟粕，我们就应当“连同孩子与污水一起泼掉”呢？显然也没有那么简单。甄别，是为了更好地传承与发展。

如何正确地对待传统文化与文化传统？美国学者瑞克·玻斯纳的态度是值得我们学习的。他在《收获幸福的教育：一所从不考试的公立学校》一书中，用大量的文字解读了中国的传统教育理念。他认为“在新世纪之初的信息时代，从中美两国文化的根基中，我们都可以汲取营养，找到方法来帮助我们的学生成长为自我调整良好、富有建设性的人”。他对中美不同的文化传统，既没有妄自菲薄，也没有妄自尊大。他认为，孔子的教育理念中强调的是“根据自己的心性去发展，才是自我价值的实现之道”，孔子的教育与现代教育相比是“相当随意”的，是“不讲究系统结构”的，然而“个性成长、人格发展、学以致用”确是孔子教育思想的“关键特征”。孔子所采用的教学方法是“让学生对自我、家庭、社区和世界的整体理解”，这其实就是现代教育所提倡的“广泛的实践拓展”。

在他眼里，很多中国古老的智慧都注重创造过程的‘源头’，尤其是老子的“万物归道”的思想。他认为，对信息进行过滤、处理和质疑属于中国的传统教育模式，中国道家强调的是一种“本质上更具灵性和体验性的学习”，而在孔子看来，学习不只是体验，更是某种高度个性化的心理进程，在孔子的教育理念中，没有个人思考的研究以及只是死记硬背式的学习都是无用功。他还认为，把老师作为向导、教练和顾问，而非信息输出传递方，是中国传统哲学的另一部分，在他看来，孔子、老子这些中国的先哲们并“没有试图更多地去教”，相反，他们更多的是在“引导学生去发展智慧”。

当然，无论是儒家还是道家，其思想与观念也一样有许多不公义的东西，我们要继承的自然不是这些。总之，无论是传统文化还是文化传统，“一棍子打死”或者捧到天上都不是应有的态度。今天我们需要认真思考的是，传统文化教育究竟应该彰显怎样的文化传统。

第二节　中国传统文化生成的背景

任何一个民族的文化都是在一定的背景下生成并发展起来的。文化的生成发展背景主要包括自然地理环境、经济基础和与之相应的社会组织结构。中国传统文化形成发展的过程，同时是中华民族、中国国家形成和发展的过程，而中华文明的形成和发展，又为中国传统文化的形成和发展提供了特殊的社会历史环境。

一、地理环境

不同的地理环境，是不同的文化类型和不同的文化特性产生的内在物质基础。

中国传统文化是在中华大地上特有的地理环境中生成和发展起来的。我们要注意的是，地理环境是发展变化的，历史上的地理环境不等于现在的地理环境。所以，考察中国传统文化的地理环境，必须在当时的地理环境下进行。

中国先民的活动范围早在秦、汉时期即已大体确定。公元前

210 年，秦朝的疆域北起套河、阴山山脉和辽河下游流域，南至今越南东北和广东大陆，西起陇山、川西高原和云贵高原，东至于海。西汉时期，匈奴呼韩邪单于降汉，漠北广大领域均属汉朝，张骞通西域，设西域都护，西部疆域扩展到今新疆大部；又争取乌桓（今辽宁一带）归汉，设立乌桓校尉；还开发西南夷，闽、粤、黔、滇都设置郡县。唐朝和元朝的北界都远达今俄罗斯的西伯利亚，唐朝的西界一度抵达中亚的咸海。清朝乾隆年间，中国疆域北起萨彦岭、额尔古纳河、外兴安岭，南至南海诸岛，西起巴尔喀什湖、帕米尔高原，东至库页岛，总面积达 1000 多万平方公里。1840 年鸦片战争后，一系列不平等条约的签订，帝国主义攫取了中国的大片领土。今天，中国国土面积约为 960 万平方千米，仅次于俄罗斯和加拿大，居于世界第三位。

我国地处亚洲东部，太平洋西岸。高山、高原以及大型内陆盆地主要分布在西部，丘陵、平原以及较低的山地多见于东部，宽阔缓斜的大陆架则在我国大陆东南侧延伸于海下。早在《尚书·禹贡》中就对此地貌有过宏观描述：“东渐于海，西被于流沙，朔南暨声教，讫于四海。”所以，我国地势总体走向是西高东低，依次递降，呈现出落成明显的阶梯（习惯上称为“三大阶梯”）。青藏高原是最高一级阶梯，海拔 4000 米以上，许多山峰超过 7000 米，被称为“世界屋脊”。青藏高原东侧是举世闻名的横断山高山峡谷地带，著名的亚洲大河——长江、黄河、澜沧江都发源于此。青藏高原以东，以北至大兴安岭、太行山、伏牛山、雪峰山一线为第二阶梯，海拔高度下降至 2000 ~ 1000 米。塔里木盆地、准噶尔盆地、吐鲁番盆地、四川盆地和阿拉善高原、蒙古高原、鄂尔多斯高原、黄土高原、云贵高原等都在这一区域。

第二阶梯以东，便是海拔地域200米的东北平原、华北平原、黄淮平原、长江中下游平原以及江南红土层丘陵盆地，其中仅少数山峰高达3000米以上，是第三阶梯。

我国领土大部分处于北温带，但由于地势的影响，东部尤其是东南沿海温润多雨；西部则寒冷少雨。东部土壤肥沃，河道纵横，适宜耕作；西部尤其是高山、沙漠地区，则只适宜放牧。因此，全国大部分人口集中在东半部。自从直立人在中华大地上出现至今的数百万年间，虽然我国的历史时期只有数千年，但大陆地理环境却发生了“沧海桑田”的变化。这些变化主要发生在第二阶梯和第三阶梯内，主要表现为：

（1）海陆变迁。由于受到全球气候冷暖变化及地质条件变化的影响，此间曾经历了数次海进海退的变化。从辽东湾到杭州湾之间不少沿岸地区都是在最近二三千年间陆续成陆的，但也有一些陆地重新沉入大海。

（2）湖泊变迁。有的湖泊改变了形状和面积，有的湖泊完全消失，也产生一些新的湖泊。水道和水系的变迁。在漫长的历史发展过程中，许多河流都曾经历过多次的决溢和改道，其中尤其以黄河和海河水系的变迁最为剧烈。

（3）高原变迁。由于土地的过度开垦使高原地带出现了日趋严重的水土流失、地形破碎，并进一步导致耕地面积减少，生态环境日趋恶劣。

（4）沙漠变迁。有些地方沙漠面积日趋扩大，吞没了一些绿洲和城市，也有一些地方的沙漠治理成效显著，风沙消减，沙漠后退。

地理环境是人类赖以生存和发展的物质基础，也是人类进行文化创造等精神活动的基础。在不同的地理环境，不同的生产方式和生产力发展程度下，影响不同的文化类型的形成。在这里要注意的问题是我们强调地理环境对文化形成的影响作用，是在充分肯定物质生产方式、生产力水平以及由此决定的各种各样的生产关系、经济关系的前提下来认识和理解这一问题的，而不是单纯的地理环境决定论。中国大陆对中国传统文化的形成和发展的影响主要表现如下。

1. 中国古代文化形成了相对独立发展的格局

中国一面临海、三面环山的特殊地理环境，使中国成为一个相对独立的地理单元。相对独立的地理单元造就文化的相对独立发展空间。在生产力不发达的古代，地理上的天然阻隔使得中国文明与世界上其他文明缺乏接触，中国文化基本上是独立发展的。中国古代文化发祥早期，从三代秦、汉到隋、唐、两宋，长期处于周边国家政治、经济的中心地位，并给予包括朝鲜半岛、日本列岛、印度支那半岛和东南亚各地等以巨大影响，形成“东亚文化圈”。

2. 中国文化按其自身规律自然发展并绵延不绝

中华大地疆土广袤，其内部平原广阔，黄河、长江流域平原毗连，在政治、经济、文化以及军事上较海洋诸岛易于统一，所以历史上不论是强悍的游牧民族南侵，还是近代西方列强的强取豪夺，中国纵使丧失了首当其冲的黄河流域，但由于腹里纵深，有着极为宽绰的回旋余地，中华民族并未消亡，中国文化继续绵延不绝。与中国同处近似纬度地带的尼罗河流域文明、两河流域文明和印度河流域文明，在其发展过程中相继中断，唯有中国文化在与外来文化的碰撞中，表现出对异质文化的巨大涵摄能力，最终将其融为本土文化中，原因之一也在于此。

3. 形成了中国文化的多元一体格局

中国幅员辽阔、气候多样、地形复杂，国土范围内，客观上又存在着纵横交错、特征各异的自然地理区域。不同的地理环境和物质条件，使人们形成了不同的生活方式与思想观念，并有着不同的风俗习惯：如生活在中原地带的农民因对农业重视和对土地依赖，有着重农轻商和安土重迁的观念；生活在海滨的人们把海洋视为生活的必需和财富的来源，致力于渔业、盐业的发展和海上交通与海外联系的拓展；生活于西域（新疆和中亚地区）的人们则凭借交通之咽喉要道，大力发展商业；生活于秦汉长城沿线以北的人民则以游牧为主，只能以迁徙和战斗来对付自然环境和异族的压力。所以，在中华大地上存在多样的文化，如高原区的牧畜文化、林区的狩猎文化、海滨的渔业文化、平原区的农业文化等。总之，强烈的地域特点使中国文化的多样性非常明显。

同时，由于中原地区环境相对优越和中原文化的影响，因此形成了各民族内聚，多元文化融合的历史趋势，从而形成中国文化在发展过程中的多元一体格局。

二、经济基础

东亚大陆得天独厚的地理环境，孕育了中华民族以农耕经济为主体的经济生产形态。

中国大陆地势西高东低，中原地区土壤肥沃，气候适宜，雨水丰沛，为农业文明的诞生和发展提供了有利的条件。

考古发掘证明，在距今大约六千年前的仰韶文化遗址、河姆渡文化遗址已见谷类遗痕，在距今约四五千年的龙山文化遗址和屈家岭文化遗址，也有出土的石锄、石镰等农具及粳稻等谷物，这充分表明华夏民族的祖先早在六七千年前就已从渔猎和采集经济向农耕生产过渡。目前，学界对中国古代农耕文明的类型划分主要是六大文化区系说，即："以红山文化为代表，燕山南北、长城地带为中心的北方；以北辛—大汶口文化为代表，山东为中心的东方；以仰韶文化为代表，关中（陕西）、晋南、豫西为中心的中原；以良渚文化为代表，环太湖为中心的东南部；以大溪文化等为代表，环洞庭湖与四川盆地为中心的西南部；以石峡文化为代表，鄱阳湖—珠江三角洲一线为中轴的南方。"

中国古代历史典籍追述先古"有道帝君"的作风，便是孜孜以农业为怀的君子。《史记》称赞周人的先祖公刘"务耕种，行地宜……民赖其庆，百姓怀之，多徙而保归焉。周道之兴，自此始。"这说明农业不仅是个人德行昭彰的表现，还是部族兴衰的关键。周人先祖后稷就被奉为农神。在《国语·周语上》载："夫民之大事在农，上帝之粢盛于是乎出，民之蕃庶于是乎生，事之供给于是乎在，和协辑睦于是乎兴，财用蕃殖于是乎始，敦庞纯固于是乎成。"这表明了农业在国民经济和社会政治中的主要地位，也反映了周人以农为本、以农立国的政治理念。夏、商、周三代辉煌的农业文明，为中国传统文化的发展打上了最为深厚的底色。

三代以降，历代王朝都把重农作为治国之道。以农立国的国策、农耕农具的改进和耕作技术的提高，大大促进了我国农业文明的发展。春秋战国时期，诸侯征战，而商鞅的"耕战"政策使秦国国力大增，最后统一六国。秦、汉以后，大一统后的中华帝国更是把"重农固本"奉为治国的不易之道。汉、晋以后，中原农耕文明南迁，农耕区的中心，逐渐从黄河流域向长江中下游和江南地区转移。

隋、唐以后，长江中下游区域迅速成为京都粮食、布帛的主要供应地。在近代商品经济得以充分发育之前，中国经济结构的主体一直都是农业自然经济。当然，除了农耕经济外，北方草原自古生活着游牧民族。从早期的匈奴人到后期的突厥人、蒙古人都是以游牧经济为主的民族。从夏、商、周三代时起，一直存在有东南农耕文明与西北游牧文明的并立互存、相互影响和碰撞融合，但始终未打破农耕经济的主体格局。这种以农耕经济为主体的经济形态，对中国传统文化有着重大影响。

（1）农耕经济的持续性造就了中国传统文化的持续性。夏、商、周三代以来，中国历史经历了战乱与稳定的周期性运动。王朝的兴衰更替不可避免，短期的国家分裂时有发生，特别是北方游牧民族的侵扰与入主中原，都曾在中国历史的不同时期掀起悲惨壮烈的一幕。然而，中国的农耕经济依然向前发展，而建立在这一基础上的中华文明亦未曾被割断。相反地，短期的战乱与分裂，更增进了中国文化的坚韧性和向心力。所以，传统农业的持续发展保证了中华文明的绵延不断，使其具有极大的承受力、愈合力和凝聚力。

（2）农耕经济的多元结构造就了中国传统文化兼收并蓄的包容性。

①中华大地幅员辽阔，各地的自然条件千差万别，社会政治文化诸方面的发展水平也多有差异。古代中国又形成了不同区域文化的格局，如齐鲁文化、楚文化、吴越文化、三晋文化、秦文化等。这种不同区域文化的格局也导致了中国文化的多元结构。然而随着中国农耕经济的周边扩展，中国文化的包容性格又促使这些区域文化相辅相成、渐趋融合。

②中国文化还长期汲取周边少数民族的优秀文明。对待外域文化，中华民族亦能敞开博大胸怀，取其精华，弃其糟粕。近代以来，面对西方列强的欺凌压迫，大批热血知识分子，仍然不忘吸取西方文化。这种文化开放形态，正是中国文化有容乃大的包容性格的表现。

（3）农耕经济的早熟造就中国传统文化的凝重

从根本上讲，中国农耕经济的多元成分结构主要影响有：

①促进了中国封建社会经济的充分发育，造就了灿烂辉煌的中国古代文化。

②使得中国农耕经济不成熟。

与西欧社会相比，许多到西欧中世纪末期才出现的社会经济现象，诸如商品生产、城市经济、土地的买卖、农民的相对离土自由、土地的租赁等在中国早就出现了。

但中国社会经济的这些早熟现象始终未能走上成熟的阶段。加上这些早熟的经济因素往往与社会、政治等诸条件不相匹配，造成经济发展的失调。在这种内部机制的自我制约下，中国的资本主义生产方式萌芽长期处于缓慢的发展状态中。这造成了中国文化的早熟性和凝重性。如早在先秦时期，我国就有“敬德保民、民为邦本”的思想。这种民本意识曾受到西欧启蒙思想的高度赞赏，但在中国却未得到正常的发展。再如中国的科学技术，尽管中国有四大发明及一系列科技贡献，但这些创造贡献始终未能成为推动中国社会前进的主流。随着中国封建社会的历史进程，中国传统文化日益显露出凝重的保守性格。直到近代，中国人前仆后继，焕发自强自新之精神，才使中国文化重新获得生命活力。

在中国传统社会中，自给自足的自然经济始终占据统治地位。

中国传统社会的经济是农业家庭手工业相结合的小农经济，其生产的目的主要是为了自给自足，但也有很少量的交换。实际上早在中国的春秋战国时期，在农业、家庭手工业、官府手工业发展的同时，也出现了“独立自由”的手工业者与商人。秦代大一统帝国形成后，由于度量衡、货币、文字等的统一，更进一步促进了商品经济的发展，出现了比较繁华的都市。唐宋两代的商业城市更加繁华，并在北宋时期首次出现了工商业的行会组织。明清两代，随着商品生产和交换的发展，加速了手工业和农业的分离，出现了相当规模的手工业作坊和工场。在江南的有些城市，出现了资本主义的早期萌芽。然而，在漫长的中国传统社会中，商品经济始终没有能够占据统治地位，一直作为自然经济的附属存在。其主要原因是历代王朝的统治者都采取重农抑商的政策。

中国文化是从农业经济的土壤中生长并发育起来的，以农业经济为主干的中国封建社会对中国文化的形成和发展产生了重大影响。

（1）农业经济培养了中国人因循守旧、乐天知命的性格和吃苦耐劳、勤俭持家的美德。农业经济最显著的特点是对自然条件有很强的依赖性。中国社会很早就形成的“天人合一”“天人协调”的哲学观念，就是中国人依赖自然、被动地适应自然的一种表现。从事农业生产，既要靠人的努力，也要靠天的配合，风调雨顺则五谷丰登，发生灾情则生活无着落。所以，对自然条件的依赖养成了中国人乐天知命的特性。在以农业经济为主的社会中，在农业劳动力与土地相结合的生产方式下，农民生活在一种区域性的小社会，与外部世界几乎处于隔绝状态。因此，农民从生到死都在这片土地上，日出而耕，日落而息，往复循环。这样的生产生活方式，既培养了中国人吃苦耐劳、勤俭持家的美德，又养成了农民因循守旧、不图进取、安于现状、知足常乐的心理和性格。

（2）农业经济培养了中国人的务实精神。农民在农业劳动过程中领悟到一条朴实的道理：说空话无济于事，踏实做事必有所获。正如章太炎所说："国民常性，所察在政事日用，所务工商耕稼，志尽于有生，语绝于验。"因此他们很少去关心人世之外的事情，更关心现实生活，这也是中国没有出现如欧洲中世纪那样的宗教狂热的原因之一。

（3）农业经济造成了中华民族是一个爱好和平的民族。农民固守在土地上，这既是农民自身的要求，也是统治阶级统治农民的需要。因此，农民对人际关系的要求是：相安无事，互帮互助，人际和谐，各人平安。在与周边少数民族的关系上，他们所希望的也是与外族的和平共处。中国古代一直拥有强大的军队，纵使这些军队强大得足以征服世界，中国的封建统治者也主要是用这些军队进行防御，长城就是这一政策的生动体现。这与中亚、西亚多次崛起的游牧民族以军事征服、战争为荣耀的心理形成鲜明的对比。从中国历史上看，以汉族为主的中原农业民族对西北草原地区游牧民族的侵扰基本上都采取了防御政策；为求得与西北草原地区游牧民族的和平共处，还采用过"怀柔"政策，主要形式有和亲、会盟等。显然，这与西方民族主张战争、征服世界也有着很大的不同。正如陈独秀所说："西洋民族以战争为本位。东洋民族以安息为本位。……自古宗教之战、政治之战、商业之战、欧罗巴之全部文明史无一字非鲜血所书。英吉利人以鲜血取得世界之霸权，德意志人以鲜血造成今日之荣誉。"

（4）农业经济造成了政治观念的独特。一方面，中国封建专制主义的确立与农业经济有很大的关系。中国封建社会的村落和城镇既雷同又分散，并且缺少商品交换。彼此联系的松散，使农民对高高在上的集权体制自然会产生崇拜。中国封建社会的集权政体和统治思想就是在这样一种背景下产生的，这也成为中国封建专制主义延续两千多年而没有中断的原因之一。另一方面，农业经济造就了中国社会的“重农耕”思想和“重民”思想。中国封建社会始终以农业立国，农业始终被放在社会政治、经济生活的首位，农业的兴旺与衰落一直是衡量中国历代王朝统治是否稳定的重要标志。正是由于把农业放在社会生活的首位，因此封建社会存在和发展的前提就是农民的安居乐业。农民安居乐业，农业生产才能稳定有序，封建统治者才能稳定统治；如果农民无法维持生计，甚至民怨沸腾，封建社会的大厦就会倾斜。因此，“重民”思想便自然产生，而且成为区别于西方政治观念的重要方面。我们之所以能看到中国古代许多知识分子以“忧国忧民”为己任，以规劝封建统治者处理好君民关系为目标，其原因就在于此。“民为邦本”“民贵君轻”等民本思想成为中国农业社会的传统政治思想观念。这种民本思想作为中国文化系统的重要组成部分，一直深刻影响着社会生活的许多方面。

三、社会组织结构

一个民族文化的发生与发展，除受特定的地理因素、经济因素制约外，还受社会组织结构的影响。社会组织结构的本质在于人的社会关系，即人与人、组织与组织之间所存在的互动，是社会秩序统一的体现。人类社会组织的演变趋势，大约是由血缘政治向地缘政治进化的，但中国却长期遗存着以血缘为纽带的宗法制度，并与严密的专制主义相结合，形成“家国同构”的社会组织结构，深刻影响着中国传统文化。

（一）宗法制

所谓宗法，是宗族内部以血缘关系为基础，标榜尊崇共同的祖先，区分尊卑长幼，规定继承秩序，确定宗族成员不同的权利和义务的法则。是以家族为中心按血缘远近区别亲疏的法则。

宗法制度是氏族社会的血缘关系在新的历史条件下演化而成的。原始社会的血缘关系以原始民主制为基础，文明社会的血缘关系以阶级专政为基础。我国宗法制孕育于商代，定型于西周。这种制度是从父权社会演化而来的，是用父子血缘亲情来维系王权的威严和稳定。宗法制规定：社会的最高统治者是奉天承运的“天子”，从君统论，天子是天下共主；从宗统论，天子是天下“大宗”。君王之位，由嫡长子继承，世代保持“大宗”地位。其余王子则封诸侯，他们相对天子为“小宗”，但在各自封国内又为“大宗”，其位由嫡长子继承，余子封卿大夫。嫡长子继承制、分封制、宗庙祭祀制度共同构成了宗法制的基本内容。

西周以后，宗法制度始终贯穿于中国古代社会生活之中。这种现象存在的主要原因是小农自然经济生活方式一直延续下来，虽有变异但其模式基本是循而未改。诚如梁启超所言：“吾中国社会之组织，以家族为单位，不以个人为单位，所谓家齐然后国治是也。周代宗法之制，在今日其形式虽废，其精神犹存也。”

（二）专制政体的长期延续

与中国宗法制紧密相连的，是专制政体的长期持续，这构成了中国古代社会组织结构的显著特点之一。

中国君主专制的阶级基础是奴隶主和地主，所依赖的经济基础是农业和小手工业相结合的自然经济，统治者普遍采取对工商业和贸易压制的态度，“重农抑商”成为历代统治者的基本国策。这种专制制度，出现于战国末年，完成于秦汉之际，并一直持续两千余年之久，与欧洲中世纪后期形成的君主专制比较，中国的君主专制不但形成早、持续久，而且君权高于神权，并形成对社会生活各个层面的严密控制，包括用户籍、里甲制度牢笼人身；用政治控摄文化、以权力干预学术等。形成此特点一方面与中国古代社会建立在以宗法血缘为纽带的家族关系基础之上有关，国家关系、君臣关系只不过是家族关系的扩大和延伸；另一方面与中国历代君主以天下大宗自居，视天下如家庭的观念有关，“普天之下，莫非王土，率土之滨，莫非王臣”。

中国古代“宗法—专制”的社会组织结构，对中国传统文化造成多方面的影响。主要表现在：社会结构使中国传统文化形成伦理性范式。中国传统文化的伦理性范式对社会发展的影响具有两面性。其积极性表现为：

（1）强调“爱人”。一方面体现为浓烈的“孝亲”情感，不仅是对先祖的缅怀祭奠，更是对自己父母、长辈的顺从和孝敬。忠君、敬长、从兄、尊上等都是孝道的具体延伸。另一方面体现为由“仁者爱人”循“推己及人”之道而推演出的“爱万物”“民胞物与”“老吾老以及人之老，幼吾幼以及人之幼”“己所不欲，勿施于人”等一系列待人原则。

（2）强调个人品德修养。强调个人品德修养。表现为“慎独”“自省”，注重健康人格的培养，提倡“富贵不能淫，贫贱不能移，威武不能屈”的大丈夫气节。强调积极入世，表现为重行轻言，自强不息、木讷刚毅的精神。使中华民族具有强劲的凝聚力。

中国古代以小农经济占主导的经济基础深深植根于中国家族制度和社会结构中，形成忠孝一体、家国同构的社会组织结构，这在客观上有助于中华民族凝聚力的形成。其消极性主要表现在“三纲五常”的伦理说教、“存天理灭人欲”的修身养性、“非我族类，其心必异”的盲目排外心理等观念的形成，成为中国传统文化健康发展的障碍。

（三）社会结构的专制性使中国传统文化形成政治型范式

中国传统文化的政治型范式给社会带来的影响是多方面的。其正价值主要表现于使中华民族形成整体观念和国家利益至上的观念，并进一步造就了民族心理上的文化认同，成为民族凝聚力产生的主要源泉。

得力于儒家所倡导并迎合国家、民族及统治阶级利益的“大一统”思想，从春秋战国时期礼崩乐坏年代开始，诸子百家就力求治国平天下的“大一统”思想，到了汉武帝时期，终于“罢黜百家，独尊儒术”，“大一统”思想成了各族人民的共识，并转化为中华民族的心理定式。

得力于以儒士为主的经世致用的入世人生态度，历代儒士均秉承儒道齐家治国平天下的入世理念，把继承道统作为自己的人生理想和最高价值目标，儒家的文化主张在意识形态的倡导下也逐渐成为各族人民共同遵守的社会规范，从而形成了心理上的文化认同。其负价值主要表现于导致国人严重服从权威、迷信权力形态的形成。在君主专制统治下，文化主要是为专制提供合理的理论依据。在“君权神授”下，君主专制根深蒂固，人们在长期的专制文化熏陶下，就会逐步形成一种顺从、敬畏心理，把“圣旨”

当作“绝对意志”执行。

宗法与专制的结合，导致中国传统文化形成伦理政治化和政治伦理化范式。中国传统文化的这种范式在“内圣外王”中获得了坚韧的理论架构，并以小农经济和宗法专制的社会结构作为坚实基础，组成一个严密体系。这种“内圣外王”的文化形态在先秦时期已经形成，后经汉代经学、魏晋玄学、隋唐佛学、宋明理学，形式上虽多有变化，但这一传统一直被延续下来。它主要是以个人道德修养来沟通这种关系和家族关系，倡导“天下之本在国，国之本在家，家之本在身”“身修而家齐，家齐而国治，国治而天下平”，即知识分子修身、齐家、治国、平天下的人生理想和追求。宗法观念强调敬祖宗、孝父母，其中自然包括对祖宗、父母所创造的事业、所立家训的尊重。做不到则被看作是祖先的不肖子孙；能遵守祖训则被誉为孝子贤孙。久而久之，传统成了真理的化身。这种对传统的极为敬重，从积极的角度看，有利于中华民族历史和文化的延续；从消极方面来看，造成了中国人相对保守，厚古薄今，不利于人的进取和创新精神的发扬。

总之，血缘宗法关系或宗法思想意识存在于政治、经济、法律、文化的诸多领域，成为中国传统社会的一个基本特征，对中国传统文化的形成和发展产生了复杂而深远的影响。

就中国传统文化产生的背景看，地理环境是一个极有回旋余地的半封闭的暖温带大陆型国家，经济基础是以农业为主的自给自足的自然经济，社会组织结构是血缘宗法制。这三者共同构成了中国文化的根基，决定了中国文化的类型，使中国文化独具特色。

第三节　中国传统文化的基本精神

在世界文明中，唯有中华文明绵延数千年而从未中断，成为世界延续型文化的代表，这体现了中国传统文化的强大生命力。中国传统文化的基本精神对中国社会和中华民族的历史发展产生了深远的影响，发挥着重要功能。

一、中国传统文化基本精神的意涵

精神相对形体而言，文化的基本精神相对于文化的具体表现而言。文化的具体表现包括器物、制度、习惯、思想意识等层面。就字源来讲，“精”是精妙、精华、精微、细微之意；“神”是玄妙、微妙的运动变化。“精神”是指天地万物的精气、活力，事物运动发展的精微的内在动力。文化的基本精神就是文化现象中的最精微的内在动力和思想基础，是指导和推动民族文化不断前进的基本思想和基本观念。

所谓中国传统文化的基本精神，实质上就是中华民族的民族精神，就是中华民族特定的价值系统、思维方式、社会心理以及审美情趣等方面内在特质的基本风貌，就是在中国传统文化中起主导作用、处于核心地位的基本思想和概念，就是指导中华民族延续发展、不断前进的精神支柱和内在动力。

文化传统，是受特定文化类型中价值系统的影响，经过长期历史积淀而逐渐形成的，为全民族大多数人所认同的思想和行为方式上的难以移易的心理和行为习惯。它属于事实判断范畴。中国传统文化的基本精神，属于观念形态范畴。就其表现形式而言，是中华民族文化的优秀传统。换句话说，优秀文化传统实质上是民族文化基本精神的具体表现。只有优秀的文化传统才能成为推动民族文化不断发展前进的内在动力。所以，中国传统文化的基本精神是那些优秀的、进步的、代表文化发展正确方向、体现中华民族精神的思想观念，必然表现为优秀的民族文化传统。

二、中国传统文化基本精神的主要内容

中国传统文化的基本精神是一个包含诸多要素的思想体系，并随着文化的发展演变而不断地扩大和加深自己的思想内涵。“天人合一”“以人为本”“刚健有为”“贵和尚中”是中国传统文化基本精神的主体内容。

（一）天人合一——究天人之际的探索精神

在对待人与自然的关系问题上，中国古代思想家一般都反对把天人关系割裂，甚至对立起来，而主张人与自然的和谐统一，认为天与人、天道与人道、天性与人性是相类相通的，因而可以达到相互统一。“天人合一”是中国文化史上长期占主导地位的思想，虽然中国古代也有“天人相分”“人定胜天”的观念，但远不及“天人合一”思想的影响深远。从历史上看，中国古代的“天人合一”思想大致经历了五个发展阶段：先秦、西周、春秋战国以及汉代、宋明时期。

1. 先秦时期的天人合一思想起源

“天人合一”的思想可以溯源于商代的占卜。《礼记·表记》中说：“殷人尊神，率民以事神。”殷人把有意志的神（“帝”或“天帝”）看成是世界万物的主宰。凡是遇到征战、田猎、疾病、

行止等各种事情，都要求卜于神，以测吉凶祸福。这种天人关系实际上是神人关系。由于殷人心目中的神的道德属性并不明显，所以殷人与神之间基本上采取了一种无所作为、盲目屈从于神的形式。

2. 西周时期的天人合一思想发展

西周主要继承了商代的思想，天人关系还是一种神人关系。但也有了新的发展，主要表现在：西周时期的天命观明显地赋予“天”“神”以“敬德保民”的道德属性。《左传·僖公五年》中说：“皇天无亲，惟德是辅。”道德规范是有人格意志的“天”为“保民”而赐予人间的。人服从天命，是一种道德行为，天就会赏赐人，否则天就会降罚于人。这就说明，“天人合一”的思想在西周的天命观中已有了比较明显的萌芽。周公提出的“以德配天”，更是“天人合一”思想的明确表达。

3. 春秋战国时期的“人为神之主”观念

春秋时期，出现了一种“人为神之主”的观点。郑国子产说：“天道远，人道义也，民之行也。天地之经，而民实则之。”这显然是一种贬天命、重人生的思想。这就说明，大体上从春秋时期起，天人关系的重心已不是讲人与有意志的人格神（意志天）之间的关系，“天”已经开始从超验的神的地位下降到了现实世界。

战国时期，儒家孟子的“天”主要是指道德之天。他的“天人合一”思想讲的是人与义理之天的合一。《孟子·尽心上》说：“尽其心者，知其性也；知其性则知天矣。”人性在于人心，故尽心则能知性。而人性乃“天之所与我者”，所以天人是合一的。在孟子这里，“天人合一”就是指人性、人心是以天为本的。这样孟子把天道与人性联系了起来。人皆有“四心”：“恻隐之心”“羞恶之心”“恭敬之心”“是非之心”，并在社会生活中表现为“四端”：“恻隐之心，仁也；羞恶之心，义也；恭敬之心，礼也；是非之心，智也。”

所以，人性本善。人之善性既“天之所与我者”，是天给的，又是“我固有之”，是我本身固有的。所以天与人合一。这样孟子就明确地奠定了儒家“天人合一”思想的核心，即儒家的“天人合一”主要讲的是人与义理之天、道德之天的合一。老庄思想中的天，无论是指自然而然之“道”，还是指自然本身，都没有人伦道德的含义。故道家的“天人合一”就是讲人与自然之天的合一。老子说：“人法地，地法天，天法道，道法自然。”这里的“自然”就是自然而然、究竟至极的意思。“道”是最高的原则，以自己为里的“自然”就是自然而然、究竟至极的意思。“道”是最高的原则，以自己为法，别无遵循，不受制于任何他物。“天人合一”思想在老子这里表现为与“道”为一，即“无为”，“无为”即听任万物之自然。庄子更多地讲人的精神境界，他在《庄子·齐物论》中所说：“天地与我并生，而万物与我为一。”就是他讲的一种“天人合一”精神境界。这里的“天”就是指自然，人与天地万物之自然合为一体，不存在人与我、人与物的任何分别。“庄周梦蝶”就是庄子“天人合一”境界的最典型、最生动的表现。

4. 汉代的天人感应论

汉代，“天人合一”思想在董仲舒那里演变为天人感应论，提出“人副天数”说，鼓吹“以类合之，天人一也”（《春秋繁露·阴阳义》），“人之（为）人本于天”（《春秋繁露·为人者天》）。所以，人的一切言行都应遵从天意，凡有不合天意者，天都会“出灾害以谴告之”。这样，在董仲舒这里，孟子的“义理之天”成了“意志之天”，且具有了主宰人间吉凶赏惩的属性。这种以天人感应为核心的天人合一论，虽然是牵强附会的谬说，但也指出了人只有在顺应天的意志时，才能获得活动的自由，才能使个体和社会保持存在、变化和发展。其实质是强调在封建伦理纲常制度下，国家和个人的活动与行为必须与自然和社会相统一协调一致。

5. 宋明时期天人合一思想发展到巅峰

宋明时期，儒家“天人合一”思想发展到巅峰，成为社会的主导文化思潮。张载是中国文化史上明确提出“天人合一”命题的第一人。张载的《西铭》中写道：“乾称父，坤称母，予兹藐焉，乃混然中处。故天地之塞，吾其体；天地之帅，吾其性。民吾同胞，物吾与也。”这就是说，天地犹如父母，人与万物都是天地所生，都由气所构成，气的本性也就是人和万物的本性。人民都是我的同胞兄弟，万物都是我的朋友。这实际上是说人是自然界的一部分，人与自然界统一于气，人与天地万物为一体。张载在《正蒙·诚明》中明确提出了“天人合一”的命题：“儒者则因明致诚，因诚致明，故天人合一。”由此出发，凡能体悟到人与人之间、人与物之间有息息相通、血肉相连的内在关系的人，便必然能达到“民吾同胞”“物吾与也”的境界。张载的“民胞物与”之爱，显然不是从血缘亲情推出来的，而是以万物一体为其本体论根源。

张载之后，天人合一思想得到不同学派的进一步阐发，但在天与人之间具有统一性的问题上，彼此间还是有着共识的。明清之际，“天人合一”的思想式微，明末清初思想家王夫之虽多有“天人合一”之说，其观点已包含了浓厚的类似西方主客二分的思想。

6. 对于天人合一思想的评价

应当承认，中国传统文化中的“天人合一”思想是一个十分复杂的问题。但就其理论实质而言，是关于人与自然的统一问题。中国传统文化强调人与自然的统一，人的行为与自然的协调，道德理性与自然理性的一致，充分显示了中国古代思想家对于主客体之间、主观能动性与客观规律性之间关系的辩证思考。但是，我们也要辩证地对之进行分析。中国传统的“天人合一”的思想，其重点不在说明人与自然的关系，而是重在强调“合一”“一体”，不注重主客之分，不重视认识论。它只是一般性地为二者间的和谐相处提供了本体论上的根据，为人与自然和谐相处追寻到了一种人所必须具有的精神境界，却还没有为如何做到人与自然和谐相处找到一种具体途径及其理论依据。人要想与自然和谐相处，除了必须具有高远的“天人合一”境界外，还必须依靠人自己的认识、实践，掌握自然物本身的规律，以改造自然物，征服自然物，使自然物为人所用。当然，作为民族文化精神的主导观念，我们应当从文化发展、延续的民族性方面给予它足够的重视，并不断汲取其思想精华。

（二）以人为本——以人为中心的人文精神

人本主义是中国文化的重大特色之一，是中国传统文化基本精神的重要内容。

与古希腊文化重视人与自然的关系以及印度佛教文化重视人与神的关系不同，中国文化侧重于人与社会、人与人以及人与自身的关系。在中国传统文化中，不论是儒、释、道，其本质上都是一种以人为本的人生哲学。不论是中国传统文化价值系统的确立，还是其主题内容的嬗变以及整个中国传统文化的政治主题和价值主题，始终是围绕解释人生的价值目标，人的自我价值实现、实践展开的。

所谓“以人为本”，就是在天地人之间以人为尊，在人神之间，以人为中心、为本位。海内外学者对中国文化的具体价值评判上虽有不同，但对中国文化具有超越宗教的情感和功能却有着一致认识。也就是说，在中国传统文化中，神本主义始终不占主导地位，而人本主义或人文主义是其基本精神。一提到人文主义，一般是指欧洲文艺复兴所强调的要求人性的解放和对宗教禁欲主义的批判，以及欧洲资产阶级所倡导的所谓自由、平等、博爱和对封建等级制度的斥责。中国传统文化中的“以人为本”的人本主义和西方中世界的以神为中心的“神本主义”不同，也和西方近代的人文主义相区别。

1. 重人事轻鬼神的精神

首先，中国古代思想家，特别是儒家，一贯重人事而轻鬼神、重“人文”而轻“神文”。自周代以降，中国历史上就没有出现过神权占统治地位的时期。如前所述，早在西周时期，先人们赋予了天、人“敬德保民”的道德属性，其核心便是“民”比“天”重要。这反映了中国古代主体意识的初步觉醒，标志着以人为本的人文主义思想的兴起。

到春秋战国时期，以孔子为代表的儒家更是强调人的中心地位，中国古代人文主义精神得到进一步发展。孔子虽然承认天命，但对鬼神采取“敬而远之”的态度。他教导弟子说：“务民之义，敬鬼神而远之，可谓知矣。”（《论语·雍也》）弟子问如何事鬼神，孔子回答说：“未能事人，焉能事鬼？”又问人死后的情况，孔子说：“未知生，焉知死？”可见孔子是将现实的人事、人的生命放在第一位，而将侍奉鬼神、人死后的情况等放在无所谓的地步。所以，孔子“不语怪、力、乱、神”。

继孔子之后，中国传统文化中这种重人事轻鬼神的人文精神在中国封建社会中得到广泛的认同和创造性的发展。如东汉思想家仲长统说：“所贵乎用天之道者，则指星辰以授民事，顺四时而兴功业。其大略也，吉凶之祥又何取焉？……所取于天道者，谓四时之宜也；所一于人事者，谓治乱之实也。……以此言之，人事为本，天道为末，不其然与？”（《全后汉文》卷八十九）这是对儒家人本思想的精辟概括。董仲舒提出天人感应思想，其目的也是为了约束至高无上的君权。印度佛教传入中国后，虽然曾在隋唐盛极一时，但也并未改变中国文化的人本主义传统。何承天的《达性论》、范缜的《神灭论》等都是批判佛教神学，宣扬人本思想的力作。宋明理学家虽然援佛入儒，但只是汲取佛教义理精粹，不论是气本论者、理本论者，还是心本论者，都突破了宗教信仰的藩篱，都积极反对灵魂不灭说而高扬人的主体性，从而发展了传统儒家的人本思想。

2. 宗教与人本思想

当然，中国也有土生土长的道教和从印度传入在中国光大的佛教，但它们也不同于西方宗教的神本传统，而是饱含中国传统人本元素。中国的宗教从未凌驾于皇权之上，也从未出现过政教合一的局面。道教讲求的是人现世的修炼成仙，而不是把人的灵魂和肉体截然分裂，也不把现实世界和彼岸世界完全对立，其目的在于追求生命的永恒和长生不老，所以人的生命价值在它那里受到极度重视。中国佛教主要是禅宗，禅宗和印度佛教有很大不同。禅宗提倡“顿悟成佛”——哪怕是十恶不赦之徒，只要一朝心向佛，便可“放下屠刀，立地成佛”。甚至提出“人人皆有佛性”“人人皆可成佛”的“人性即佛性”主张。这些都反映了中国禅宗重视人性、强调人本的人文关怀精神。

3. 重整体轻个人、重人伦轻法治

中国传统文化强调人文、人本的同时，又表现出重整体轻个人、重人伦轻法治的特点。欧洲文艺复兴时期兴起的人文主义思潮，强调的价值实际上是个人的价值。这种人文主义思潮把“人”理解为单个的人，强调个性解放和个人的独立人格，把人生的意义看作是个人本能欲望的满足，有着强烈的个人主义色彩。中国古代思想家们所理解的人是整体的人，个人必须服从集体，所以在中国古代的个人根本不存在什么“天赋人权”，因为个人的权利都是集体给予的。

中国传统文化中这种把人放在一定人际关系中来考察的人本主义，把个人价值的实现、个人道德境界的提升寄托于整体关系的良性互动，实质上是一种“道德的人本主义”或“伦理关系中的人本主义”。所谓的君臣、父子、夫妇、兄弟、朋友五伦，其实质是要求个人从他们所处的社会关系出发，履行好自己的义务责任。不论是“三纲领”（明明德、新民、止于至善）、八条目（格物、致知、正心、诚意、修身、齐家、治国、平天下），还是道家的修道积德，无不以道德实践为第一要义。这种“道德的人本主义”或“伦理关系中的人本主义”所强调的个人的主体自觉，实质上是在规定了的“道德观念”下的没有意识到自己独立性的自觉。但它把道德实践提高到至高地位，对于人的精神开发、个体道德自我的建立、人们社会责任的培养、公民爱国主义的培育等有着十分重要的意义。

4. 刚健有为——自强不息的进取精神

中华民族在人类的发展史上之所以能谱写灿烂的篇章，创造辉煌的文化，这与中国传统文化中刚健有为、自强不息的进取精神是密不可分的。这是中华民族处理天人关系和各种人际关系的总原则，是中国人积极的人生态度的最集中理论概括和价值提炼。

自孔子开始，这种刚健有为、自强不息的进取精神就大放异彩。孔子“发愤忘食，乐以忘忧，不知老之将至”“学而不厌，诲人不倦”，甚至“明知其不可而为之”，坚决反对“饱食终日，无所用心”之人。这些都是一种积极有为的人生态度。除孔子外，墨子主张“非命”“尚力”“摩顶放踵，利天下而为之”；老子讲“无为而无不为”，以“柔弱胜刚强”“为无为则无不治”；法家主张“争与气力”等，其实质都是强调自强进取。《易传》对刚健有为、自强不息的进取精神做了进一步发挥。《象传》说：“天行健，君子以自强不息。”《象传》提出：“刚健而文明，应乎天而时行。”

从汉代到清代，历时两千多年，《易传》中的这种刚健有为、自强不息思想深入人心，不断激励着人们奋勇向前。《史记·太史公自序》载：“西伯拘而演《周易》；仲尼厄而作《春秋》；屈原放逐，乃赋《离骚》；左丘失明，厥有《国语》；孙子膑脚，《兵法》修列；不韦迁蜀，世传《吕览》；韩非囚秦，《说难》《孤愤》《诗》三百篇，大抵圣贤发愤之所作为也。”这段记载反映了中华民族愈是受挫折愈是奋起抗争的精神状态和坚韧不拔的意志。如果说，这只是知识分子和上层人士自强不息、积极有为思想的表现；那么，“人穷志不短”“刀子不磨要生锈，人不学习要落后”等民间俗谚，以及不少人直接用“自强”作为自己的名字，则反映了刚健有为、自强不息精神广泛的社会影响和普遍意义。

我们要注意的是，中国传统文化中的这种刚健有为、自强不息奋斗精神绝不是急功近利的个人奋斗，而是积极向上、充满活力、满腔热血的去实现自身价值，为国家、民族和社会做出更大的贡献。儒家的“内圣外王”思想主张当一个人完成了个人道德的修养，具备了治家的基本经验后，就要积极投身仕途，以天下为己任，努力实现儒家的政治理想。子贡曾向孔子请教：“有美玉于斯，韫椟而藏诸？求善贾而沽诸？”子曰：“沽之哉！沽之哉！我待贾者也。”孔子本身就是一个积极进取的典范。北宋张载说：“圣人成其德，不私其身，故乾乾自强，所以成之于天尔。”孔子的学生曾子曰：“士不可以不弘毅，任重而道远；仁以为己任，不亦重乎？死而后已，不亦远乎？”正是这种以天下为己任的思想和刚健有为的精神，激励了一代又一代的中华儿女，为国家、为民族前仆后继、鞠躬尽瘁、死而后已，谱写了一曲曲惊天地、泣鬼神的壮歌。也正是这种胸怀大志、勇于进取的品格和以天下社稷为己任、积极入世的情怀，才赢得了后人尊崇而成为中国传统文化的基本精神之一。

（三）贵和尚中——厚德载物的文化包容精神

“中庸”“中和”思想是中国传统文化的重要内容，在中华民族和中国文化发展中起过十分重要的作用，成了中国传统文化的重要精神之一。

中西文化的一个重要差异，就是中国文化重和谐统一，西方文化重分别对抗。梁漱溟在其《中国文化要义》中指出：“中国人平素一切制度规划，措置安排，总力求平稳妥贴，不落一偏，尤不肯走极端。盖深信唯调和为最稳妥，最能长久不败之道。”

1. 中与和的思想

何为“中”“和”？《中庸》开宗明义讲道：“天命之谓性，率性之谓道，修道之谓教。道也者，不可须臾离也。可离非道也。是故君子戒慎乎其所不睹，恐惧乎其所不闻。莫见乎隐，莫显乎微。故君子慎其独也。喜怒哀乐之未发，谓之中。发而皆中节，谓之和。中也者，天下之大本也；和也者，天下之达道也。致中和，天地位焉，万物育焉。”儒家把中、和作为“本”“道”这样的根本规律来遵循，要求人们“慎独”，就是要提高道德的自觉性，进而使自身喜怒哀乐各种情感达到“中和”境界，不偏不倚，不走极端，以使人与社会、自然达到和谐相处。

早在西周时期，我国就有“和”与“同”这一对举概念的提出。史伯在回答郑桓公“周其弊乎”时指出，周走向衰败的主要原因是周的统治者“去和而取同”。史伯说：“和实生物，同则不继。以他平他谓之和，故能丰长而物归之。若以同裨同，尽乃弃矣。”不同事物之间彼此为“他”，“以他平他”即把不同事物联结在一起；不同事物相互配合达到平衡，就叫作“和”，“和”才能产生新的事物。如果把相同事物放在一起，就只有量的增加而不会发生质的变化，就不可能产生新事物，事物的发展也就停止了。史伯是第一个对和谐伦理进行探讨的思想家，他对“和”与“同”的区分，说明对矛盾的同一性已有一定的认识。一个事物，只有由不同元素配合，才能使矛盾均衡统一，收到和谐的效果。史伯认为，这样的道理随处可见，如“声一无听，物一无文，味一无果，物一不讲”。一种声音构不成动听的音乐，一种颜色构不成美丽的图画，一种味道构不成美味佳肴，一种事物则无从比较。春秋末年的晏婴进而用“相济”“相成”

的思想丰富了“和”的内涵。《左传·昭公二十年》记载了晏婴关于“和”与“同”的区分。晏子在回答齐侯“和与同异乎”这一问题时说：“异。和如羹焉，水、火、醯、醢、盐、梅，以烹鱼肉，燀执以薪。宰夫和之，齐之以味，济其不及，以泄其过。君子食之，以平其心。君臣亦然，君所谓可而有否焉，臣献其否以成其可；君所谓否而有可焉，臣献其可以去其否。是以政平而不干，民无争心。……先王之济五味。和五声也，以平其心，成其政也。”这就是说，“和”是由不同要素所构成的一种和谐状态，不论是烹饪美食还是治理国家，都需要不同要素的和谐。晏子进一步指出：“若以水济水，谁能食之？若琴瑟之专一，谁能听之？同之不可也如是。”这就是说，如果是单个的元素，没有其他元素的掺和，就不可能构成和谐的状态。五味相和，才能产生香甜可口的食物；六律相和，才能形成悦耳动听的音乐；善于倾听正反之言的君主，才能造成“和乐如一”的局面。

“和而不同”的思想，肯定事物是多样性的统一，主张以广阔的胸襟、海纳百川的气概，容纳不同意见，以促进民族文化的发展。这在文化价值观方面，提出的是在主导思想的规范下，不同派别、不同类型、不同民族之间思想文化的交融渗透、兼容并包和多样统一。在中国传统文化中，儒道互补，儒法结合，儒佛相融，佛道相通，儒、佛、道三教合一，以致对基督教、伊斯兰教等外来宗教的容忍和吸收，都是这种文化价值观的具体体现。尽管其间经历了种种艰难曲折，中国传统文化在各种不同价值系统的区域文化和民族文化的冲击碰撞下，逐步走向融合统一，表现了“有容乃大”的宏伟气魄和“厚德载物”的高尚精神。

2. 中国的贵和思想

中国古代的“贵和”思想，往往是和“尚中”之义联系在一起的。和谐是最好的秩序和状态，是最高的理想追求，那么怎样才能实现“和”的理想呢？儒家认为，其根本途径在于“中”道。“中”，既是指事物的“度”，即不偏不倚，不过度也没有不及；又指对待事物的态度，不“狂”也不“狷”。孔子用“持中”的办法作为实现并保持和谐的手段。在他看来，无过无不及，凡事叩其两端而取中，便是“和”的保证，便是实现“和”的途径。汉代以后，历代思想家都认同这种观念，继承并努力实践这种观念。

几千年来，“贵和”“尚中”的思想塑造了中国人含蓄、内倾、稳健、老成的独特性格，使得中国人十分注重和谐局面的实现和保持。做事不走极端，着力维护集体利益，求大同存小异，保持人际关系和谐，是中国人普遍的行为准则。这对于民族精神的凝聚和扩展，对于统一的多民族政权的维护，无疑起着积极作用。

第二章 传统文化的价值特点

第一节　重视整体精神，强调对民族对国家的责任感

注重国家、注重群体的整体趋同观念是中华民族独特的道德传统，注重个人服从国家和社会的整体利益是传统道德的重要特点。这种价值取向的渊源可以从以下两方面理解。

“天人合一，以和为贵”与西方文化较多地强调对立面的冲突不同，中国传统文化的思维方式趋于寻求以和为贵和对立面的统一，关注整体，强调对自然、社会的统一性、整体性的认识，始终把谋求人与自然、社会的和谐统一作为人生理想的主旋律。这就是北宋张载“天人合一”观念的体现。

道家的“人法地，地法天，天法道，道法自然”的观念，庄子“天地与我并生，而万物与我为一”的境界，《易经·文言》“与天地合其德”的思想都突出了整体的观念。汉代“天人合一”思想占主导地位。“贵和尚中”的精神培育了中国人民追求和谐、反对分裂的整体观念，对于中华民族文化心理、集体凝聚力的形成和社会稳定起了十分重要的聚合作用。中国历史上有所谓的“和同之辩”，西周末的史伯在《国语·郑语》中第一个对和谐理论进行了探讨。《左传·昭公二十三年》载，齐国晏婴将“重和去同”运用于君臣关系。孔子主张“礼之用，和为贵”，《易传》提出“大和”观念。孟子的“人和”就是指人与人之间的和谐整体关系。先秦两汉儒家的中和理论是儒家和谐观的重要内容。

自西周以来，大一统观念作为一种理性自觉便深深地扎根于中国人的心中。《春秋》“大一统”是非常著名的理论。诸子百家学说在政治大一统方面有共识。“天下一家”“民胞物与”“四海之内皆兄弟”等追求成为凝聚全社会的精神力量，转化为深层的社会心理结构，是民族凝聚力形成并发挥作用的思想基础。整体观念是中华文化的一个基本特征，儒家“修身、齐家、治国、平天下”，道家“人法地、地法道、道法自然”，墨家“尚同”都鲜明地体现了这一点。

一、“修己以安人”，“内圣外王”

中国传统伦理推崇道德至上。《左传》提倡“正德，利用，厚生”，认为是人类必须重视并躬行践履的“三事”，正德就是修养自身。中国传统伦理深信人性中具备了道德的一切要素，形成向内探求的主体性道德精神，强调自我修养以维护人伦关系和整体秩序。

修身的基本思想是“求诸己”。孔子说：“君子求诸已，小人求诸人。”把修己、修身看作是立身处世、实现人的价值的根本，“自天子以至于庶人，壹是皆以修身为本”。“慎独”的方法最具代表性，即独处时也要严于律己。儒家在自身修养上确认的是群体原则。“修己以安人”。“修己”即自我的涵养，“安人”则是社会整体的稳定和发展。秦汉之际，《礼记》成书，儒家伦理体系已形成。《大学》提出达“至善”境界的八个阶段：格物、致知、诚意、正心、修身、齐家、治国、平天下。“知所以修身，则知所以治天下国事矣”。《易经》“自强不息”“厚德载物”的思想体现了中国人最初建构精神世界时的价值取向，重道德修养以达“治国平天下之境”。群体认同更深刻处在于责任意识，逐渐形成了“先天下之忧而忧，后天下之乐而乐”的价值传统。

修身要达到的崇高目标是“内圣外王”。《礼记》“大学精神”就是“内圣外王”。内圣是道德自我修养的最高层次，外王则是把内圣的修养功夫转化为治国平天下的业绩。孟子提出五伦以家族为本位，建构起身、家、国、天下四位一体的伦理系统，把整体秩序作为最高价值取向，个人应维护整体的和谐。这些体现了中国社会家国一体的思想和儒家伦理政治的本质。《尚书·尧典》赞颂古代圣王的德行说：“克明俊德，以亲九族；九族既睦，平素百姓；百姓昭明，协和万邦。”它以道德修养和教化为本，先治理好自己的家族、国家，并以此去感化其他国家和民族，实现“协和万邦”的理想。这就是儒家通过道德教化来“齐家、治国、平天下”的模式。《易经》“圣人感人心而天下和平”正是表述了儒家的和平理想及其实现途径。

二、以群为重，以国为本

整体观激励人们自觉地维护整体利益，坚持集体主义的价值取向，形成克己奉公的美德。中国伦理道德历来强调公私之辨，把“公义胜私欲”作为根本要求。《尚书·大禹谈》强调“舍己从人”，儒家强调“克己爱人，克己利他”，“先人后己”。“克己”即克制己私，超越自我，服从整体。克己奉公，本质上是先公后私。中国人以“天下为公”为价值理想。《礼记·礼运》中阐述大同境界的基本精神是一个“公”字：“大道之行也，天下为公，选贤与能，讲信修睦。”这强化了对社会、民族的义务感和历史责任感。

“敬业乐群”也是整体观念的重要表现。《礼记·学记》“敬业乐群”意指兢兢业业地从事事业，专心学业，乐于与他人互帮互学。其实也就是将整体利益放在首位，注重集体的和谐互助。《周易·象传》提出“厚德载物”，就是要有淳厚的德行，包容万物，强调人与自然、人与人之间的和谐。宋代张载概括为“民吾同胞，物吾与也”。其意是说天地万物是一个统一体，人民是我的同胞，万物是我的朋友和伙伴。

整体观孕育了最宝贵的爱国情结。早在两千多年前的周秦之际，就已形成了爱国的观念。《战国策》中有“周君岂能无爱国哉”的说法。东汉荀悦《汉纪》，也有“亲亲如子，爱国爱家”的记载。爱国主义是爱亲爱家情感的升华，形成了捍卫民族尊严、维护祖国利益的崇高品德。

三、忧国忧民，变革进取

爱国主义的情感形成了对国家民族命运的自觉意识、以天下为己任的社会责任感，关心天下兴亡，具有忧国忧民的博大情怀。孔子说“君子忧道”，儒家学说是“治国平天下”，屈原忧郁：“长太息以掩涕兮，哀民生之多艰”，这些都包含在明末清初顾炎武的“天下兴亡，匹夫有责”的名言里。忧患意识的核心是以民族国家的利益为重，“先天下之忧而忧，后天下之乐而乐”。对后世产生了深远的影响。

整体观孕育的集体主义、爱国主义精神，把全局的利益看得高于局部的利益、整体的利益高于个体的利益，形成了以国家民族利益为上的“爱国如饥渴”的思想风貌。我国历史上曾出现过许多著名的爱国主义者和民族英雄，如爱国诗人屈原、陆游，不辱使节的苏武，前仆后继抵御外族入侵的杨家将，精忠报国的岳飞、文天祥，鸦片战争时期的林则徐、关天培，中日甲午战争中的邓世昌等，都是中华民族爱国美德的杰出代表。

这些爱国者，既有“匈奴未灭，无以为家”“贤者不悲其身之死，而忧其国之衰”“位卑未敢忘忧国”、辛亥革命时黄花岗烈士以“国事为心”等忧患意识，也包含着忍辱负重的奉献精神。屈原身处逆境，信守“吾不能变心以从俗兮，固将愁苦而终穷”；陆游“零落成泥碾作尘，只有香如故”；林则徐“苟利国家生死以，岂因祸福避趋之”；廖仲恺“国破家亡余墨泪，洒淋漓，欲夺天工巧”，感人至深。

传统的忧患意识还包含着居安思危、变革进取的自觉，集中地体现了民族的理性精神。《周易·乾》“天行健，君子以自强不息”；孟子“生于忧患，死于安乐”；屈原“路漫漫其修远兮，吾将上下而求索”等都关心着推进国家的进步。商鞅、屈原、诸葛亮、曹操、魏征、范仲淹、陆游、王安石、张居正等变法革新，缓和社会矛盾，不同程度地推进了社会的进步，将忧国忧民的善良愿望变成了利国利民的实践。近代先进的中国人先后提出了“中体西用”“地上天国”、君主立宪、民主共和与社会主义五种不同的救国方案，反映了向西方寻求救国真理所走过的曲折道路，也生动体现了传统的忧患意识在近代得到了迅速升华，都是当时爱国者的智慧结晶。

四、以身许国，忠贞报国

以国家、民族整体利益为上的思想使中华民族形成同仇敌忾、不屈不挠的反压迫、反侵略精神，“以身许国，何事不敢为？”（岳飞）。晋代的祖逖，宋代的岳飞、文天祥，明代的戚继光、史可法、郑成功等都在中华民族的历史上写下了光辉的一页。他们“一年三百六十日，都是横戈马上行”（戚继光），有“裹尸马革英雄事，纵死终令汗竹香”（明·张家玉）的豪情意志。

鸦片战争以后，中国人民的反侵略斗争展开了全新的场面。

中国人民奋起救亡图存，从三元里人民的抗英斗争到义和团反帝爱国运动，从五四运动到抗日战争，反帝爱国斗争风起云涌，波澜壮阔，谱写了一曲民族英魂的壮歌。

强调堂堂正正做人的傲骨也就是强调了一个人在事关国家民族利益的重要关头，必须维护祖国尊严和民族气节。“富贵不能淫，贫贱不能移，威武不能屈”“士可杀不可辱”“宁为玉碎，不为瓦全”等格言都集中体现了这种意识。从苏武到文天祥，从甲午海战死难的官兵到狼牙山五壮士，从詹天佑到钱学森，中华儿女赴汤蹈火，舍生取义，忠贞报国，无私奉献，“金瓯已缺总须补，为国牺牲敢惜身”（秋瑾）表现了“临大节而不亏”的崇高的民族气节。

那些热情歌颂祖国壮美山河、人民勤劳勇敢的文学家、艺术家，如李白、杜甫、李清照、关汉卿、曹雪芹等人；那些创造了灿烂历史文明的思想家、科学家，如先秦诸子、张衡、祖冲之、郭守敬、李时珍等人；那些开拓了祖国辽阔疆域、丰富了世界军事科学的军事家，像孙武、孙膑、卫青、成吉思汗等人，都为祖国赢得了骄傲，理应受到人们的尊重和纪念。

传统文化中的整体观构成了我们民族凝聚力和向心力的主体内容，增强了炎黄子孙的文化共识，对中华民族共同的价值取向、理想人格、思维方式、社会心理、精神风貌等起了重大的文化整合作用，增强了中国人的本根意识，促进了民族国家的团结和发展。

集体主义的价值取向、爱国主义的崇高情怀在今天仍然是应当发掘继承并且予以创造性转化的精神财富。以国家民族利益为重，反对个人主义、分裂主义、崇洋媚外、全盘西化，应当并且已经成为整个炎黄族类的共同信念，成为我们大步前进的思想动力。

第二节 推崇“仁爱”原则，追求和谐的人际关系

中华民族在处理人际关系方面很早就形成了以孔子为代表的“仁”学思想，并在长期发展中成为伦理道德的最高原则。

一、泛爱众而亲仁

“仁”最早出现于《尚书·金滕》，“予仁若考”指一种好的品德。孔子最早提出“仁”即“爱人”的思想，作为道德的根本要求和最高追求。在《论语》一书中，孔子讲“仁”多达109处。人泛指贵族、平民，甚至奴隶。孔子认为，要求人们，首先是作为贵族卿、大夫、士的总称的君主，把对家族的爱推广到家族以外的人们中间去，把对一个邦国的关怀推广到整个天下，把对家庭的亲情、血缘之爱扩展为对朋友的友爱、对全社会的博爱。

孟子进一步提出了人的“良知”问题。他认为，人之所以异于禽兽就在于人有道德，人有禽兽所没有的对其他人的“同情”“怜悯”“关心”和慈爱之心。他在政治上提倡实施“仁政”，以民为本、“民贵君轻”，强调只有充分重视百姓的利益，以仁义治理天下的“王道”政治才能实现国家的长治久安。

董仲舒的“更化”主张、张载的“民胞物与”思想、朱熹关于仁是“心之德，爱之理”的定义，都是对孟子仁民爱人思想的

继承和发挥。

二、克己复礼为仁

“礼”是中国传统文化的规范化体现。“礼”最早萌生于商朝，重在形式。商朝的人办事严格讲究辈分，按照辈分高低决定权力。祖先的资历越深，就越具有更大的权力。周对商礼进行损益，形成周礼。

在孔子看来，周礼是最完善的政治制度和伦理规范，仁是最完美的道德观念和品质。礼是道德的标准，强调尊卑长幼之序，礼是行为准则，体现了社会对人的外在约束。仁是道德的属性，强调人们之间的仁爱、谅解、关怀、容忍，是修己、爱人的内在自觉性。只有外在的约束而无内在自觉，人的行为完全成为强制的结果，失去人之所以为人的特点。只有内在自觉而无外在约束，人人按自己的标准行事，不能保持尊卑上下的秩序。因此，外与内、礼与仁必须统一起来：以礼的准则行仁（修己爱人），以仁的自觉复礼（贵贱有序，亲疏有等）。

孔子曾感慨：“人而不仁，如礼何？人而不仁，如乐何？”即人如不具备仁的观念和品质，就不能正确对待礼仪制度和音乐。只有“克己复礼”才算是仁，才能实现仁。孔子所谓“苟志于仁也，无恶也”的训导，是说仁能促进人的道德修养，提高思想境界，更好地执行礼，恶就无从产生。

“礼”的目标是“和”，“和”是多样性的统一，是不同结合在一起而达到的平衡。孔子主张“和而不同”：“君子和而不同，小人同而不和”（《论语·子路》），把“和”视为处理人际关系的准则：“均无贫，和无寡，安无倾”（《论语·季氏》），强调社会的整体和谐。孔子的学生有若说：“礼之用，和为贵”

（《论语·学而》），明确地把“和”视为全部社会制度的价值旨归。孟子也说：“天时不如地利，地利不如人和”（《孟子·公孙丑下》），强调“人和”是取得成功的首要因素。荀子倡言“群居和一”。他说“人之生不能无群”，要使群居生活免于纷争、趋于强胜，人们就必须恪守职分而彼此和睦。“和则一，一则多力，多力则强，强则胜物”，只要社会各阶层同心同德、群策群力，就能够实现国家的富强、社会的进步。

三、孝悌为仁之本

家庭是社会的细胞。家庭的稳定、和谐是社会的稳定、和谐的基础。中国传统文化非常重视家庭伦理。孔子把“孝悌”放在极端重要的地位，视为“仁之本”。

“孝”指尊敬顺从父母，“悌”指尊重兄长。孔子倡导青少年“入则孝，出则悌”，达到这个要求后，再去学习文献。他把孝悌的品行看作个人修养和家庭和谐的根本。正如孟子所言：“不得乎亲，不可以为人；不顺乎亲，不可以为子。”（《孟子·离娄上》）不孝顺父母的人就失去了起码的做人资格。所以仁爱之心必须从爱亲人开始培养。

孝悌的原则推广于国家社会，即是忠君爱国。孔子说：“孝慈则忠”，忠是孝的扩张。孝于宗族长辈，就是忠于国家朝廷。实行了孝，也就是“为政”，实现了仁的基本要求。

在孝悌两者之间，孔子更重视孝。怎样做才算是孝呢？首先是合礼。孔子说：“生，事之以礼；死，葬之以礼，祭之以礼。”礼绝不是形式主义的虚设故事，要有与之相应的真情实感。孔子说：“今之孝者，是谓能养。至于犬马，皆能有养。不敬，何以别乎？”子夏问孝，孔子回答说：“色难。”赡养父母要抱着尊重的心情，要有愉悦而又谨慎的表情。他认为孝是由父母对子女的爱引起的子女对父母的爱，在爱的基础上产生的尊敬的心情、愉悦的颜色乃至奉养的行动，必然是纯真无伪的情感的流露。

几千年来，中华民族发扬了“孝悌”的积极因素，做到了少有所长，老有所终，形成了父慈子孝的道德风尚。

四、忠恕为仁之道

要使仁的美德保存于每一独立的人，同时，又要使个体之间相互贯通，使仁爱精神充溢于人间，必须有一条由此达彼的桥梁。在孔子看来，这桥梁便是忠恕：“夫仁者，己欲立而立人，己欲达而达人。能近取譬，可谓仁之方也已。”从积极方面讲，自己有某种要求需要满足，推想他人也有这种要求需要满足，就是“忠”。从消极方面讲，“己所不欲，勿施于人”。将心比心，推己及人叫做“恕”，恕是“可以终身行之”的美德。这种既考虑到自己，也考虑到别人，把实现自己的理想、愿望与帮助别人实现其理想、愿望结合起来的“恕”道，表现了一种很高的精神境界。

忠恕的结合便是为仁之方，也是仁的本身。所以曾子说：“夫子之道，忠恕而已矣。”孔子还主张严于律己，宽以待人，“躬自厚而薄责于人”“犯而不校”“既往不咎”“无求备于一人”。但也要分清是非，“成人之美，不成之恶”“见善如不及，见不善如探汤”。达到恭、宽、信、敏、惠五种品德，就是实现了仁。这种待人接物的态度深刻地体现了“爱人”的精神。两千多年来，“忠恕”一直是儒家道德修养的重要内容，至今对于人际关系的正确处理仍有指导意义。

五、“大同”为仁之理想

“大同”是中国古代对理想社会的一种称谓。在先秦古籍中，“大同”一词时有所见，似指“同一”“同化”之意。公元前611年以前的《诗经·硕鼠》中所咏之“适彼乐土”“适彼乐国”可能是迄今关于“大同”理想的最早材料之一。大同社会的蓝图最早见于《礼记·礼运》篇：“大道之行也，天下为公。选贤与能，讲信修睦。故人不独亲其亲，不独子其子，使老有所终，壮有所用，少有所长，鳏寡孤独废疾者皆有所养。男有分，女有归。货恶其弃于地也，不必藏之于己；力恶其不出于身也，不必为己。是故谋闭而不兴，盗窃乱贼而不作，故外户而不闭，是谓大同。”

这种夜不闭户、路不拾遗、天下为公的大同世界，正是孔子的理想社会。孔子曾对颜渊和子路谈及自己向往“老者安之，朋友信之，少者怀之”。（《论语·公冶长》）这与上述“老有所终，壮有所用，少有所长”几乎同出一辙。曾皙说他的理想是：“莫（暮）春者，春服既成，冠者五六人，童子六七人，浴于沂，风乎舞雩，咏而归。”孔子听后，“喟然叹曰：吾与点（即曾皙）也！”（《论语·先进》）这表明孔子所追求的是人民安居乐业，老幼各得其所，怡然自得的大同世界。

大同世界有以下特点。

（1）天下为公，财富共有。首先，“货”不“藏于己”，即不私人占有，无所谓贫富，人人爱惜公共财物，“恶其弃于地”，反对浪费；其次，由公众选举愿意忠诚服务的贤能之人来负责管理社会。

（2）人人劳动，各尽所能。“力恶其不出乎身”，完全是为公，不是个人谋生手段。而是一种社会风尚；根据具体情况进行社会分工，做到“男有分，女有归”，人人都能最大限度地发挥自己的才能，各得其所。

（3）互助博爱。“人不独亲其亲，不独子其子”，天下一家。老人的赡养，儿童的教育和培养，由社会共同承担，即使是鳏寡、孤独、残疾者，也“皆有所养”，人与人乃至国与国坦诚相待，讲信修睦，“谋闭不兴”，全社会和谐而安定，“盗窃乱贼不作”，“外户不闭”。

孔子认为，为了实现大同世界，关键是要把仁爱思想灌输到广大群众中去，首先通过在家里孝顺父母、亲爱兄弟，培养对亲人的强烈爱心，然后把爱心逐渐扩展到家庭以外的人，最后进一步扩大到全社会，使每个人都有一颗博爱的心。虽然做不到“博施于民”，但每个人都能自觉地为社会做好事，这样就可以导致社会道德的高尚，人伦关系的和睦，形成一个秩序井然的理想社会。

这样一个美好的理想境界反映了当时人们的社会向往，反映了孔子的远见卓识和政治抱负。然而“大同”思想毕竟是超越现实的高远理想。因而，孔子提出了较切合实际的小康社会。

从“仁爱”“礼”“孝悌”“忠恕”到“大同”，都是以孔子“仁”学为代表的中国传统文化处理人际关系的基本准则，影响并制约着当代中国人际关系的发展，对中国现代化进程中的人与人、人与社会和谐发展可以起到一定的促进推动作用，有些内容则不利于现代社会新型人际关系的建立和发展。因此，我们应采取辩证否定的态度，批判地继承。

第三节　向往理想人格，注重美德修养

中国传统修养理论讲诚意、正心、格物、致知、修身、齐家、治国、平天下，其中心环节是修身。身修好了，就会家齐、国治、天下太平。修身是立身之道，也是立国之道。这种德行修养传统的积极结果是造就了无数个像范仲淹那样“先天下之忧而忧，后天下之乐而乐”的志士仁人。

一、重义轻利

义和利是古代伦理道德的一个基本问题。《礼记·中庸》讲：“义者，宜也。”韩愈《原道》：“行而宜之之谓义。”“义”主要是指整体利益、长远利益。“利”主要是指个人私利、眼前利益。古代传统的义利观从国家和整体利益的原则出发，在个人对他人、社会、群体的关系上，强调“义以为上”，“先义后利”，主张“见得思义”，反对“见利忘义”。是中华道德精神的精髓。重义轻利主要表现在三个方面。

（一）君子爱财，取之有道

孔子说：“非礼勿视，非礼勿听，非礼勿言，非礼勿动。”孔子并不是一般地反对利，而是在利的面前考虑取舍是否符合“义”，“义然后取，人不厌其取”。如果不符合道义，就应该舍利而从义。孔子还主张国家要“国民之所利而利之”，“富而可求也，虽执鞭之士，吾亦为之。如不可求，从吾所好”。在这

种价值观的引导下，拾金不昧成为备受推崇的行为，见利忘义则大受唾弃。管宁割席绝华歆便是一个典型的例子。当然，中国传统义利观尤其是儒家有过分重义而忽视“利”的倾向。我们应该从积极的方面去理解、弘扬传统中的“重义”精神。

（二）先人后己，舍己为人

这是对“君子爱财，取之有道”道德境界的进一步提升。孔融让梨、渔父仗义救伍员，就是先人后己、舍己为人的表率。道义和功利的关系问题是任何社会都不能回避的问题。在个人与他人的利益关系上，有时两者是相融的，有时却是相互对立的。传统的利益观更多地表现在对立冲突的情况下人的价值取向问题，即利己还是利他。

（三）杀身成仁，舍生取义

这是重义轻利的最高境界。它是站在仁义高度来审视利益关系，既是重义轻利的动机和出发点，也是重义轻利的目的和归宿，尤其表现在处理个人与国家、民族的关系上，为了国家和民族的利益，完全可以置个人身家性命于不顾。像苏武牧羊，为了国家和民族的尊严，不被匈奴的高官厚禄所动，甘愿清贫，在荒无人烟的地方牧羊十七载，回归故土时受到了朝廷和百姓隆重的欢迎。岳飞精忠报国、文天祥慷慨赴死，这些都生动地演绎了“杀身成仁，舍生取义”的博大精神。

二、诚信笃实

“诚”和“信”是中国传统道德的重要范畴，紧密联系，意思相通。“信”的基本含义就是“诚”。诚实无欺，说话算数。诚既指待人诚恳，也包括对事业、组织的忠诚。信主要指言行相符。诚信被儒家视为“进德修业之本”“立人之道”和“立政之本”。

孔子不仅提出了“人而无信，不知其可也”的思想，而且把信提到了做人的根本、“五常”之一：“自古皆有死，民无信不立”。统治者失去了人民的信任，也就站不住脚了。

孟子把“诚”作为自然界和人类社会的最高道德范畴：“诚者，天之道也；思诚者，人之道也。”荀子将诚信扩至一切伦理关系为本的地步。总体来说，儒家重视诚信的经世致用方面，强调无论上下左右关系，其诚信之德都在于言行一致，表里如一，真实好善，博济于民。诚信笃实主要表现为两个方面。

（一）诚实不欺

在职业活动中对事业、服务对象和交易对方负责。诚实是指在交往中不欺人、不欺已、不欺心。

1. 守信，即重诺、守约、讲信用

“一诺千金”，“轻诺寡信”就是要人们守信。晋董狐书法不隐、齐南史冒死执简、吴兢修史只唯实，为了忠实于历史真相，不畏权贵，甚至不惜牺牲生命，被称为“良史”；《清稗类钞·敬信类》记载的吴县人蔡某，“重诺责，敦风义”，在人死无对证的情况下坚持还亡友寄托之财。

2. 重义

“市善药”的宋清焚烧贫困潦倒人欠药钱的债券，李台春治病不要任何合约，表面上看都不具备现代合同意识，没有守信约，实际上，他们的信不在合约，而在于心中之义。这是诚实不欺的最高境界，也是一切职业道德的最终归结点。当然，在现代经济活动中，我们不能片面提倡理想主义的“君子协定”，更不能以此取代经济合同。但是，在遵守合同的基础上自觉地取信于义仍然是现代职业道德的要求。

（二）贞信不渝

贞信不渝是朋友之间交往的一种美德。朋友之交乃信义之交，信和义是不可分的，背信是弃义的一种表现，忠实于友谊就必须贞信不渝，对朋友重承诺，讲信用。它首先表现为排除杂念，信守始终。春秋时吴国季子没有因为徐君已死，就改变自己内心已经决定了的赠剑的许诺，“解其宝剑系之徐君冢树而去”。他说“始吾心已许之，岂以死背吾心哉”。其次，它表现为能够排除各种干扰，诸如客观困难、对利害的考虑，乃至生命安危等，信道而行，行而必果。荀巨伯在前往看护病中朋友的途中，明知匈奴攻打城池，仍置个人安危生死于不顾，不肯“败义而求生”。竟使匈奴班师而还，城池得以保全。难怪古人感叹：“人生得一知己足矣!”鄙视“势利之交”，因为这种所谓朋友之交同建立在道义基础上的真正友谊、同友谊的纯洁性和高尚性格格不入。

三、刚正不阿

孔子讲“三军可夺帅也，匹夫不可夺志”。这种“至大至刚”的“浩然之气”，集中体现了中华民族独立的人格尊严和崇高的精神境界。中华民族刚正不阿，崇尚道义和独立人格，面对任何权势和压迫决不低头的伦理传统和高尚品德，今天仍然值得借鉴、继承并发扬光大。刚正不阿具有以下三个特征。

（一）疾恶如仇，伸张正义

在道德领域，善与恶是两种完全对立的德行。因此，对善与恶的态度，道德的行为就是要旗帜鲜明，扬善抑恶，不仅仅是一般的耻恶，还要积极地同各种邪恶作坚决的斗争。在中国历史上，李固弹劾梁冀、史弼义拒侯览、周顺昌怒骂魏阉，都表现了刚直方正、不畏权贵的品质。尤其是东汉名臣李固面对“援立三帝”权倾朝野、贪赃枉法、滥杀无辜的大将军梁冀，不畏强权，“舍得一身剐”，进行了不屈的斗争，在遭到陷害即将行刑时，他给好友写道：“固身已矣，于义得矣，夫复何求！”他还告诫朝臣：“公等受主厚禄，颠而不扶，倾覆大事，后之良史，岂有所私？”

（二）守死善道，唯义是从

孔子说：“朝闻道，夕死可矣”，“从道不从君”为了道义敢于献身。范缜面对着阿佛言政的情形，坚持“神灭论”，把真理看得高于一切，不拿真理做交易。守死善道，唯义是从，还表现在排除各种私心杂念，将道义信守于心，达成“慎独”。东汉时被誉为“关西孔子”的杨震堪称楷模。杨震在调任荆州刺史、东莱太守途经昌邑时，昌邑令王密为了感谢杨震的举荐，夜间携带十斤铜币送给杨震，并说：“夜深无人知道。”杨震说：“天知，神知，我知，你知，怎么说无人知道呢？”拒收钱币，王密羞愧地走了。

（三）不阿权贵，崇尚操守

贞守自己的节操，不苟且，不逢迎，蔑视世俗，不作随风摇摆的墙头草，宁肯站着死，不愿跪着生。任延为官不阿上，弦章劝齐景公远离阿谀，高攀龙为了坚守正义、探求真理，即使是杀身灭家也死不旋踵。周顺昌，明万历进士，熹宗时任吏部郎中。他为官清正，不畏豪强，疾恶如仇，因同权贵魏阉忠贤斗争而遭其陷害。在狱中，他受到非人的折磨，大骂魏忠贤。当被人用椎打掉牙齿问及“还骂不骂魏公”时，周顺昌喷血唾其面，表现了视死如归的凛然正气和高大人格。

四、道德践履

古人认为，人都有向善的能力，能不能真正成为一个“有德”的人，关键就在于能否进行道德修养。“履，德之基也”“修身”乃是“齐家”“治国”“平天下”的基础。人们的一切德行都是同自身的道德修养分不开的，中华民族的一切传统美德同古人注重“道德践履”的美德紧密相连。

道德践履表现在以下三个方面。

（一）励志自强

励志自强是道德修养的起点，也是内在目标和精神动力。古人指出：“志当存高远。”又说：“志高则品高，志下则品下。”并不是所有道德之“志”的价值都是一样的。高远之志若只说不做，并不能成为德行，只有躬行实践，高远之志才是一种美德，体现的是一种对理想人格的孜孜以求。从道德上讲，“励志”实质上是一种自强不息的精神，一种自我超越的品性。这种精神和品性千百年来激励着我们的前人创造了灿烂文明，造就了一大批为国家、为民族建功立业的志士仁人，有的为了实现理想抱负，居贫穷而志不改，处危难而志弥坚，遇险阻而甘若饴；有的为了报国复邦，建功立业，不虚度年华，或以苦为乐，或投笔从戎，或闻鸡起舞，或卧薪尝胆，或发奋著书……社会意义、道德价值各有不同，但共同的精神就是志存高远，发奋图强。陈胜是一个普通的农夫，胸怀鸿鹄之志，揭竿而起，开创了我国封建社会广大农民反暴虐、争平等的光荣传统。东汉扶波将军马援在民族受到侵扰的时候，情愿死于边野，以“马革裹尸还”自矢。如果我们不苟责于古人的话，应该说，有了这种励志自强的精神，继往开来，何愁事不济、功不成、国不强、邦不兴呢。

（二）从善自新

社会生活处处存在着善和恶的对立，人的一生也充满了理性和欲望的矛盾。从现实性来讲，“人非圣贤，孰能无过”，问题是怎样对待“过”。孔子说：“小人之过也必文。”文过饰非既不道德，也是可悲的。“闻过则喜”才是生活强者的气度。从这个意义上讲，道德践履就是“闻过”“改过”“补过”的过程。闻过则喜，改过不贰，补过必坚，结果是对意志的磨炼，是志向的升华，是“新我”对“旧我”的超越。故古人说：“过而能改，善莫大焉。”赞扬了从善自新的可贵之处。凡有作为的志士仁人并非一开始就是“完人”，他们的功业和德行是自觉地从善自新的结果。因此，古人把勇于改过称为“圣贤功夫”。周处改过除“三害”就是一例。少年时的周处“不修细行，纵情肆欲”，成为乡中三害之一。他知道自己的劣行“为人所恶”时，不仅痛改前非，而且“入山射杀猛兽”“投水搏蚊”，成为人们称颂、很有作为的人。

（三）风节自律

风节纪律，源于励志自强，成就于从善自新，又是这两者的升华。核心是一个“节”字，又叫“节操”“气节”，是对理想和道义坚忍不拔的信念与百折不回的坚定性。孟子提倡“富贵不能淫，贫贱不能移，威武不能屈”就是气节。风节自律就是用这种精神自觉地规范自己。“疾风知劲草”，“时穷节乃见”，一个人的德行如何最终都要在“节”字上见分晓。在一般情况下，人们按道德原则办事固然可贵，但更难、更可贵的是在事关个人穷达、荣辱、生死的关头能够直道而行，坚定自己的理想信念，一往无前，义无反顾。如蒲松龄一生清介自守；陶渊明穷不失志，

“不为五斗米折腰”；李白达不失道，“高风傲王侯”。

“名节重泰山”。中华民族是一个注重人格的道德价值、崇尚节操的民族。这已经深入到了民族心灵深处，甚至表现在审美意识中。人们把松、竹、梅用“岁寒三友”称颂并自励，赞美“出于污泥而不染”的荷花，欣赏临寒傲放的秋菊等，就反映了这种民族特性。

五、继承中华民族优秀的德育思想

中华民族优秀的传统德育思想是中国当代学校思想政治教育的根基，继承和弘扬传统德育精华，对于发展现代学校德育教育是非常必要的。

（一）中国传统的德政观念

在中国传统德育思想中，儒家一直主张用道德礼仪教育人民，把道德教化视为治国的根本。人民只有通过道德教育才知理，才能自觉遵守社会道德，自觉守法走正路。孟子在《孟子·尽心上》中说：“善政不如善教之得民也。善政，民畏之；善教，民爱之。”只有人民有道德，守法律，社会秩序才能稳定，国力才能增强。只靠刑罚，只能治标，而道德教育才能治本。儒家的德政思想主张德教与刑罚必须相辅而行。孔子、荀子都认为法治必须以德治为基础才能起作用。《淮南子·泰族训》中说：“民无廉耻也，不可治也；民不知礼义，法弗能正也；不知礼义，不可以行法。”儒家认为道德教化是治国之本之一，这种思想对于我们在社会主义建设中认识德育的重要意义是有启发的。

（二）中国传统的人生观念

中国传统的人生理论对我们现代学校德育也是有借鉴意义的。孔子把“仁”作为人生的理想，仁的观念含义很广，境界很高。

孔子认为，人自己立身处世要为他人着想，做到成已成人，自己要通达于世，也要使人通达于世。他在《论语·雍也》中说："夫仁者，己欲立而立人，己欲达而达人。"孔子主张"忠恕"，忠是尽己之心想人助人，恕是"己所不欲，勿施于人"，这是他在《中庸》中说的。忠、恕、礼、义、廉、信、勇、刚、俭等德行都表达了孔子做人的道德准则，都代表了"仁"的意识。仁，表达了做人的理想，表达了人对他人、对人民、对国家的态度和热爱情感。墨子提出"兼爱"的理想。孟子把"义"作为人生理想。儒家经典之一《大学》把"格物、致知、诚意、正心、修身、齐家、治国、平天下"八条作为人生理想。

其实，这八条也代表了我们中华民族的精神。在人生价值方面，孔子从"仁"的观念出发，把"义"作为立身之本和做事行为的准则。认为凡事合于义则做，不合则不做。把道义作为行为的根本，按照礼节去实行，以谦逊的态度表现出来，以诚信的心情完成所做之事。他在《论语·阳货》中说："君子义以为上。君子有勇而无义为乱，小人有勇而无义为盗。"在《论语·卫灵公》中说："君子义以为质，礼以行之，孙以出之，信以诚之。"孔子重义，他反对因求利而失义，因追求个人私利而做出对别人、对公家不义的事情。他在《论语·述而》中说："不义而富且贵，于我如浮云"，在《论语·里仁》中说："君子喻于义，小人喻于利""放于利而行，多怨"。他不是反对利，而是反对因利害义，反对私利放在公利之上。墨子就提出既注重"义"又肯定"利"的观点，主张"贵义"又"兴利"。荀子认为主人应该既重义，又不绝对排除利，他在《荀子·大略》中说："'义'与'利'者，人之所两有也。"董仲舒曾提出重义轻利的主张，但是他在专门论述义与利的关系的《身之养重于义》篇中又主张义利双重的观点，他说："天之生人也，使之生义与利。利以养其体，义以养其心。心不得义不能乐，体不得利不能安。"王夫之认为义利两者都是不可缺的，两者应该统一起来。中国传统文化中对人生价值的主张，如对理想信念和利与义关系的主张等，无论在当时或现在对于阐述德育理论问题和实践都有十分重要的价值。

（三）中国传统的道德规范观念

中国传统的道德规范有很多，它们通过《四书》《五经》《三字经》《千字文》《名贤集》等经典和教材流传下来，内容博大精深。中国传统道德规范不但以经典著作和教材的形式流传下来，还通过模范遵守这些道德规范的历史人物和艺术范例传给后人。孔子、屈原、司马迁、花木兰、包公、文天祥等这些历史人物身上闪烁很强的人格魅力。从这些典范人物身上我们看到了中华民族的优秀品德，中国传统优秀品德在这些人物身上生动地体现出来。中华民族传统优秀道德品质被伦理学家们概括为 18 项、36 个字，那就是：公忠、正义、仁爱、中和；孝慈、宽恕、谦敬、诚信、礼让；自强、持节、明智、知耻；勇敢、节制、廉洁、勤俭、爱物。这 18 项规范，反映了对他人、对国家、对物的关系，反映了对人的品德、修养的要求，也反映了中华传统人格的崇高精神境界。中华传统道德文化中关于道德教育的方法，如因材施教，启发诱导，知、情、意、行统一，寓教于乐，事理并举，环境影响，以身作则等，至今在德育中我们还在运用，因为这些方法是中华德育丰富经验的积累。

由于中华民族历史久远，德育文化也产生于不同时代，所以这些德育理论也有其局限性。因为任何理论都有其现实性和个性，离开具体的时代都会产生局限性。但如果抛开某些传统德育理论的个性、具体性、特殊性，抽象出它的一般性思想观点，它就具有了现实的和普遍的价值。现今我们的德育文化中也闪烁着传统德育理论的光辉。传统优秀德育文化是当代德育文化的基础和源头之一。

六、借鉴、吸收世界上一切优秀的德育思想

德育文化是中国的，也是世界的。中国传统德育文化，特别是儒家文化在世界上，特别是在亚洲国家传播很广，影响很深。尽管如此中国也要吸收国外的优秀德育文化经验，以求更好地发展我们的德育文化。

（1）法国思想家卢梭，他值得借鉴的德育思想是，主张自幼对儿童进行爱国主义教育，主张尊重儿童的个性和情感的自然主义原则。传统教育学派代表赫尔巴特，他的德育思想是：首先，赫尔巴特认为一切教育都围绕着把学生培养成完善的人进行，他把道德教育看作是学校最根本的、最首要的任务；其次，他把德育内容概括为“五种道德观念”，就是“内心自由”“完善”“仁慈”“正义”“公平或报偿”。他认为这五种不变的“美德”是巩固世界秩序的永恒真理，也是维持现存社会秩序的行为准则。现代教育学派代表杜威的德育理论有三方面内容：

①“教育即生存”，他把教育看作是促进儿童道德天性、本领欲望生长的过程，道德教育的目的之一是发展儿童道德思维和判断水平。

②提出了道德发展的三阶段思想，即前习俗水平、习俗水平、自律水平。

③“教育即生活”，主张让学生参加社会实践，促进知行统一，

培养儿童的道德行为习惯。

（2）美国道德心理学家柯尔伯格的道德认知发展理论是西方学校德育的基石，代表作是《道德发展与道德教育》。道德认知发展理论是柯氏理论精髓。他的道德认知发展理论认为，道德发展的核心是道德思维的积极发展，而道德发展同理智发展一样有着一个明显阶段特点和顺序的连接过程。其理论观点是：道德发展是遵循一定的阶段进行的，道德发展以认知为基础，道德发展是在原有认知力，在社会激发下发展的结果，道德发展是有规律的，道德发展有赖于个体对社会文化活动的参与程度等。柯氏认为，道德判断是以认知为基础的，道德判断是决定道德行为的根本因素。但他过分强调了认知力的作用，轻视了道德行为的作用；过分强调道德判断作用，忽视了内容作用。

（3）罗杰斯、马斯洛等为代表的人本主义道德论。他们致力于学校道德教育的人性化，建立民主的师生关系研究。主张建立人道主义课堂，教师要了解、理解、尊重学生。他们认为，传统学校道德压抑人性，因此教育的目的就是要发展个体的“自我意识”，促进自我本性的完善，应当尊重理解儿童，学生可以选择和发展自己的能力。在德育方法上，人本主义主张在课堂上可以把有争议的价值问题呈现出来进行分组讨论，教师以促进者身份进行归纳并导向深化。

（4）拉斯思、西蒙等为代表的价值澄清理论。最早是作为一种教学方法出现于20世纪20年代的美国。拉斯思认为，价值澄清过程的重要前提是创造一个友好、平等、尊重、信任和激励的课堂氛围。让儿童通过掌握价值澄清法，从各种社会问题导致的价值混乱中解脱出来，以适应社会生活和个人发展。价值澄清理论尊重儿童的个性和主体作用，注意现实生活和儿童品德发展实际需要，激发学生探讨社会问题的兴趣，注重发展儿童的道德判断和价值选择能力，这是符合德育规律的，对丰富我国德育方法具有一定借鉴意义。

（5）美国班杜拉的社会学习德育理论，也被称为“观察学习理论”。他认为，儿童道德发展主要取决于后天因素，取决于示范榜样的作用，他强调观察学习和自我强化的作用。他的主要道德教育观点是：人类学习是反映过程、认知过程和自我调节过程的统一。人的行为不仅受外部环境影响，也受个体内在体验、认知水平，以及情感、态度、品性及世界观的影响，而且个体已有的思想制约着学习的质与量。道德教育只有根据人格形成的特点，施行适当设计的教学才能有效地促进儿童道德的发展。示范榜样是道德教育的主要手段，应重视各种典型的示范作用。他认为，人的行为受环境、观念和情感的制约，反过来行为的结果也会反作用于人本身，对思想观念、道德情操发生重大影响，特别是可以改变环境，他主张在改变环境中发展道德水平。他主张儿童自我评价，实现自我强化，提高自我效能感，即决心实现某种行为的信念。

这些德育理论，对我们在了解德育环境、行为和人的关系，示范榜样对德育发展的内在作用机制，儿童自我评价等问题都提供了依据，他们在德育中注重理论与实践相结合的方法也值得我们借鉴。

第三章 初中政治的教学重点与特色

第一节　中国特色社会主义

中国特色社会主义既坚持了科学社会主义的基本原则，又根据我国实际和时代赋予其使命的基本特征。由此理解了中国特色社会主义是坚持“以人为本”的社会主义，是推动科学发展观、促进社会和谐的社会主义，是继续解放思想、坚持改革开放的社会主义，是建设生态文明的社会主义，是大力发展人民民主的社会主义，是弘扬中华文化、建设中华民族共有精神家园的社会主义。

一、对中国特色社会主义的认识

什么叫社会主义，什么叫马克思主义？之前我们一直在学习马克思主义、毛泽东思想、邓小平理论，反复强调着中国特色社会主义对我们国家发展的重大意义，但是我们过去对这个问题的认识不是完全清醒的。马克思主义最注重发展生产力。我们讲社会主义是共产主义的初级阶段，共产主义的高级阶段要实行各尽所能、按需分配，这就要求社会生产力高度发展，社会物质财富极大丰富。所以社会主义阶段的最根本任务就是发展生产力，社会主义的优越性归根到底要体现在它的生产力比资本主义发展得更快一些、更高一些，并且在发展生产力的基础上不断改善人民的物质文化生活。如果说中华人民共和国成立以后有缺点，那就是对发展生产力有某种忽略。社会主义要消灭贫穷。贫穷不是社会主义，更不是共产主义。

（一）中国特色社会主义的历史进程

人们提出这样一个问题，如果中国不搞社会主义，而走资本主义道路，中国人民是不是也能站起来，中国是不是也能翻身?让我们看看历史吧。国民党搞了二十几年，中国还是半殖民地半封建社会，证明资本主义道路在中国是不能成功的。中国共产党人坚持马克思主义，坚持把马克思主义同中国实际结合起来的毛泽东思想，走自己的道路，也就是农村包围城市的道路，把中国革命搞成功了。如果我们不是马克思主义者，没有对马克思主义的充分信仰，或者不是把马克思主义同中国自己的实际相结合，走自己的道路，中国革命就不会成功，中国现在还会是四分五裂，没有独立，也没有统一。对马克思主义的信仰，是中国革命胜利的一种精神动力。中华人民共和国成立以后，我们从旧中国接手下来的是一个烂摊子，工业几乎等于零，粮食也不够吃，通货膨胀严重，经济十分混乱。我们解决吃饭问题、就业问题、稳定物价和财经统一问题，国民经济很快得到恢复，在这个基础上进行了大规模经济建设。靠的是什么？靠的是马克思主义，是社会主义。但是，马克思主义必须是同中国实际相结合的马克思主义，社会主义必须是切合中国实际的有中国特色的社会主义。

在中国落后的状态下，走什么道路才能发展生产力，才能改善人民生活？这就又回到是坚持社会主义还是走资本主义道路的问题上来了。如果走资本主义道路，可以使中国百分之几的人富裕起来，但是绝对解决不了百分之九十几的人生活富裕的问题。而坚持社会主义，实行按劳分配的原则，就不会产生贫富差距过大。

（二）中国式社会主义

，所谓中国式社会主义，就是马列主义与中国实际相结合的社会主义，是根据中国实际建立和发展的社会主义。

我国属于跳跃性发展，不但要完成公民在政治上的权利与义务相同的任务，还要完成较优的行政、经济、文化、生活方式建树的工作。“社会和谐是中国特色社会主义的本质属性”，这一科学论断和命题是我们党进入 21 世纪后，把马克思主义的基本原理同我国改革开放的具体实践相结合取得的一个重大理论成果，实现了对社会主义认识又一次新的历史飞跃。

把社会和谐视作中国特色社会主义的本质属性，首先从本体论层面深化了对社会主义的认识。回顾科学社会主义的发展历史可以看到，马克思、恩格斯、列宁提出了只有用社会主义代替资本主义才能真正实现人的自由全面发展，从而真正实现社会和谐，在科学的意义上把社会和谐同社会主义联系了起来，但都没有明确把社会和谐概括为社会主义的本质属性。新中国成立以后，围绕着什么是社会主义、怎样建设社会主义这个首要基本理论问题，我们党进行了艰辛的探索，也付出了惨重的代价，最后才明确把社会和谐概括为社会主义的本质属性。

同时，积极构建公共文化服务体系，满足人民文化生活需求，提高人民文化生活水平。注重协调好社会各阶层的利益关系，不断创新社会管理体制、整合社会管理资源，通过提高社会管理水平，最大限度地增加和谐因素，最大限度地减少不和谐因素，形成促进和谐人人有责、和谐社会人人共享的生动局面。

（三）中国特色社会主义的正确性

中国特色的社会主义，是我们党和国家长期发展所总结出的一条道路，是中国共产党对现阶段纲领的概括。其科学含义是要求把马克思主义的普遍真理同本国的具体实际结合起来，走适合中国特点的道路，逐步实现工业、农业、国防和科学技术现代化，把中国建设成为富强、民主、文明的社会主义国家，即一方面要坚持马克思主义的基本原理，走社会主义道路；另一方面必须从中国的实际出发，不照抄、照搬别国经验、模式，而是走自己的路，具有中国特色。中国共产党依据毛泽东倡导的马克思主义普遍真理同中国具体实际相结合的原则，总结长期探索所积累的经验，特别是十一届三中全会以来的实践，深刻地认识到建设中国社会主义的规律，在十二大提出“走自己的路，建设有中国特色的社会主义”的科学论断。之后党的历次代表大会对这一论断提出了一系列科学观点，制定了一系列具体政策、措施。

对中国特色社会主义毫不动摇地坚持，来源于中国特色社会主义自身的魅力。

首先，社会主义代表了人们的愿望和理想。无论是作为一种理论，还是一种行动和社会发展状态，社会主义所追求的平等、发展和自由是人类千百年来孜孜以求的梦想，代表了社会发展的方向。具体到中国的实践，解放生产力，发展生产力，消灭剥削，消除两极分化，最终达到共同富裕，是中国共产党人对它的最新诠释。

其次，建设中国特色社会主义，这是中国共产党人和中国人民经过几十年的曲折探索，付出巨大代价，同时吸取了许多国家共产党兴衰成败的经验教训得来的最宝贵的精神财富。经过无数的实践检验表明，只有社会主义才能成为中国发展进步的旗帜，成为全党全国各族人民团结奋斗的旗帜。改革开放以来我国所发生的历史巨变，被称之为“中国奇迹”，关键就在于我们开辟了一条中国特色社会主义道路。

（四）中国特色社会主义理论是不断发展开放的理论

从实践是检验真理的唯一标准，到“三个有利于”标准的提出，无不表明社会主义是与时俱进的理论。社会主义的生命力就在于它能够贴近实际、贴近生活，不断吸取人类文明发展的新成果，具有很大的包容性，能够在坚持的基础上不断创新，在实践中不断丰富和发展。科学发展观等重大战略思想的提出，就是解放思想、实事求是的结果。科学发展、和谐社会、以人为本、协调持续、民生优先、深化改革、扩大开放、生态文明、中国道路……无不闪烁着继承与创新的时代光芒。

中国特色社会主义之所以能够不断创造奇迹，在于追求社会主义美好事业的人们能够把科学社会主义的基本原则同本国的具体实际有机结合，将社会主义具体化、生动化。我们党在改革开放的历史进程中，把坚持马克思主义基本原理同推进马克思主义中国化结合起来，把坚持四项基本原则同坚持改革开放结合起来，把坚持社会主义基本制度同发展市场经济结合起来，把推动经济基础变革同推动上层建筑改革结合起来，把提高效率同促进社会公平结合起来，把推进中国特色社会主义伟大事业同推进党的建设新的伟大工程结合起来，从而使中国特色社会主义更加充满生机与活力。

（五）中国社会主义的特色性

为什么说中国特色社会主义是当代中国发展进步的旗帜，是全党全国各族人民团结奋斗的旗帜，必须毫不动摇地坚持和发展中国特色社会主义呢?

1. 中国特色社会主义是新型的社会主义

这种社会主义是在总结中国和世界社会主义实践的经验教训过程中形成的，她汲取了过去社会主义实践中适用的成分，摒弃了一切与生产力发展不相适应的成分。这种社会主义还是在总结人类社会发展规律过程中形成的，她汲取了人类社会发展过程中产生的、现在仍有用的文明成果，特别是现代资本主义社会发展过程中出现的那些属于现代化大生产所必然需要的组织形式、管理方法等成果，摒弃资本主义的弊病。因此，中国特色社会主义是综合了过去的社会主义和资本主义的长处，又摒弃其缺陷和弊病的社会主义，她优于旧的、以单一公有制和计划经济为特征的社会主义，也优于民主社会主义和资本主义。

2. 中国特色社会主义是开放的、与时俱进的社会主义

她没有封闭的、凝固的模式，而是随着生产力的发展，不断改革生产关系中与生产力不相适应的环节，改革上层建筑中与经济基础不相适应的环节，使生产关系与生产力相适应、上层建筑与经济基础相适应。因此，中国特色社会主义是富于生机和活力的社会主义，是不断发展进步的社会主义。

3. 中国特色社会主义是适合中国国情的社会主义

首先，他适合中国现阶段的生产力状况，有利于生产力的发展。其次，她适合中国的文化传统和主流民意，广大的人民群众拥护中国特色社会主义就可以证明这点。改革开放 40 年来，造就了中华民族的巨大历史性变化，谱写了社会主义中国新的壮丽诗史；今天的继续解放思想、坚持改革开放，必将提升马克思主义中国化的新境界，开拓中国特色社会主义更为广阔的发展前景，创造中国人民更加美好的生活，书写中华民族更加壮丽的篇章。

4. 中国特色社会主义理论对于青少年的指导作用

作为当代的青少年，学生应该在实践中努力践行中国特色社会主义理论，从思想上和行动上突出人在建设社会主义核心价值体系中的主体地位。共同理想的确立，需要价值主体即人民群众的自觉认同和积极参与。人民群众只有在认同中国特色社会主义共同理想的基础上，才能自觉地实践社会主义核心价值。科学发展观以以人为本为核心，明确了人民群众的主体地位，这将有效地激发人民群众牢固树立中国特色社会主义共同理想的积极性、主动性和创造性，自觉为中国特色社会主义共同理想的实现贡献力量。坚持用马克思主义中国化最新成果为指导解决广大群众思想上和现实生活中的实际问题，为全社会牢固树立共同理想创造有利的社会条件。

当前，我国社会利益关系更加复杂，各种社会矛盾明显增多，人们思想观念日趋多样。协调不同主体的利益冲突，将社会利益的分化和不同阶层之间的利益差别控制在一个合理的限度内，为所有社会成员提供平等的机会，使之各尽所能、各得其所而又和谐相处，最大限度地增加和谐因素，最大限度地减少不和谐因素，必将为理想信念教育提供坚实的思想基础和有利的社会环境。

二、中国特色社会主义与传统文化

在中国特色社会主义建设的过程中，文化建设是一个重要的组成部分。中国传统文化内容丰富，源远流长。在现代西方文化的冲击下，中国特色社会主义文化建设需要我们正确把握和认真处理现代性和传统性的关系，坚持以马克思主义为指导根本，从传统文化中吸取积极的、有益的思想。

（一）中国优秀的传统文化是中国特色社会主义文化的宝贵资源

中国传统文化内容广泛，包括价值观念、思维方式、国民素质、风土人情等，经历千百年的历史积淀，已潜入人心，成为人们不可或缺的精神家园。这份宝贵的文化遗产，在建设中国特色社会主义文化过程中，仍有许多富有生命力的内容值得我们继承与发扬，如“天下兴亡，匹夫有责”的爱国精神和社会责任感，“先天下之忧而忧，后天下之乐而乐”的奉献精神和忧患意识，以及“天行健，君子以自强不息；地势坤，君子以厚德载物”的奋斗进取和宽厚待人的精神等。

（二）中国特色社会主义文化是对中国传统文化的批判性继承与发展

中国传统文化，有精华，也有糟粕，这就要求我们在建设有中国特色社会主义文化的过程中，既要批判性地继承传统文化，又要在继承的基础上有所创新和发展。在面对关系到国家、民族命运的问题上，邓小平摒弃了“盲从权威”的教条化、绝对化的僵化思想，提出“实践是检验真理的唯一标准”，大胆创新、勇于实践，开放经济特区、农村试点改革，一系列的举措对中国特色社会主义建设有重大的现实意义和深远的历史意义。

近年来，党和政府加强了全民的爱国主义教育，号召和支持文化界整理和研究中国传统文化，弘扬中国优秀传统文化，对传统文化采取实事求是的科学态度，取其精华，弃其糟粕，使传统文化的精华更充分地融入中国现代文化中，这也是对批判地继承方针的真正贯彻。中国传统文化的精华不仅将有机地融入中国现代文化之中，而且将融入有中国特色社会主义的文化中。

（三）传统文化在中国特色社会主义文化建设中的意义

中国传统文化是中国文化的根源，没有这种文化的继承，就无法保持中华民族在文化上的延续性，就将失去民族的独立性。一个国家失去了其文化的主体性和独立性，便会失去其根本，也就失去在世界上存在的独立性，中国优秀传统文化对中国特色社会主义文化的建设，对中国走向世界有着重要的作用。

1. 优秀的传统文化可以培养国人的文化自觉和文化自信

中国丰富的物质文化和精神文化遗产，为世界上许多国家所称道：长城被誉为世界第八大奇迹；以中国古代历史故事为素材的影片，如《功夫熊猫》《花木兰》等在全球公映；孔子学院和孔子课堂分布在 117 个国家和地区；剪纸、皮影戏等传统民间文化被搬上舞台，令世人称奇。这些传统文化如一颗颗明珠，在当今世界文化的洪流中流光溢彩、熠熠生辉。

2. 优秀的传统文化可以重建国人的社会道德

当今中国道德滑坡，功利主义、拜金主义日益冲蚀着人们的心灵，损人利己、唯利是图的人比比皆是，在当今“一切向钱看”的社会背景下，诚实守信、自强不息、律己修身、见义勇为等中国传统美德为人们提供了行事准则，在社会主义建设新时期涌现出了一批批楷模，如中华人民共和国成立初期的“铁人”王进喜、人民的好干部焦裕禄；当今社会的最美教师张丽莉、最美司机吴斌、最美妈妈吴菊萍等。

3. 优秀的传统文化可以凝聚中华民族的精神意志

在经济全球化的今天，中国文化也受到了世界文化的冲击，崇洋媚外的思想日益风靡。毫无选择地吸取西方文化，结果就导致了国人的信仰缺失，无所归依，中华民族成了一个没有民族精神、一个不知道自己民族文化自身特质的民族。在这种情形下，优秀的传统文化能够使国人找到精神寄托和价值信仰，进而凝聚中国力量，抵御和抗衡西方文化的渗透和入侵。

4. 优秀的传统文化有助于提升国家软实力，进而提升综合国力

十九大报告指出："文化是一个国家、一个民族的灵魂。文化兴国运兴，文化强民族强。没有高度的文化自信，没有文化的繁荣兴盛，就没有中华民族伟大复兴。要坚持中国特色社会主义文化发展道路，激发全民族文化创新创造活力，建设社会主义文化强国。""中国特色社会主义文化，源自于中华民族五千多年文明历史所孕育的中华优秀传统文化，熔铸于党领导人民在革命、建设、改革中创造的革命文化和社会主义先进文化，植根于中国特色社会主义伟大实践。发展中国特色社会主义文化，就是以马克思主义为指导，坚守中华文化立场，立足当代中国现实，结合当今时代条件，发展面向现代化、面向世界、面向未来的，民族的科学的大众的社会主义文化，推动社会主义精神文明和物质文明协调发展。要坚持为人民服务、为社会主义服务，坚持百花齐放、百家争鸣，坚持创造性转化、创新性发展，不断铸就中华文化新辉煌。"

第二节　马克思主义理论体系

马克思主义是关于无产阶级和人类解放的科学。马克思主义哲学、马克思主义政治经济学和科学社会主义，是马克思主义理论体系不可分割的三个主要组成部分；德国古典哲学、英国古典政治经济学和法英两国的空想社会主义学说是马克思主义产生的三个理论来源。

马克思主义的基本特征是以实践为基础的科学性和革命性的统一。主要表现在四个方面：

（1）辩证唯物主义和历史唯物主义是马克思主义最根本的世界观和方法论；

（2）致力于实现最广大人民群众的根本利益是马克思主义最鲜明的政治立场；

（3）解放思想、实事求是、与时俱进是马克思主义最重要的理论品质；

（4）实现共产主义是马克思主义最崇高的社会理想。

一、马克思主义思想路线的精髓

马克思主义是无产阶级的科学世界观与方法论，是无产阶级和广大人民群众认识世界和改造世界的强大思想武器。马克思、恩格斯创立了马克思主义，但马克思一生没有指出自己思想理论的精髓。恩格斯虽然对马克思主义从政治、历史、经济、方法等视角做过不同的评述，同样，也未提出马克思主义精髓的问题。

列宁深入研究了马克思理论的体系，但在他的论著中，仅仅在一处提及“马克思主义的精髓”。1920 年 6 月，列宁写道：“他全盘否定了德国共产党中央委员会的策略，完全忽视了最主要的东西。他忽略了马克思主义的精髓，马克思主义的活的灵魂：对具体情况做具体分析。”列宁在这里讲“马克思主义的精髓”不是从马克思主义的内容本身，而是从实践角度就如何运用、如何对待马克思主义而言的。把“对具体情况做具体分析”视为“马克思主义的精髓，马克思主义的活的灵魂”，是从观察和解决问题的思想路线上来说的。

毛泽东也没有明确提出什么是马克思主义的精髓，但他指出了不是书本上的，而是与具体实际相结合的马克思主义才是真正的马克思主义。在革命战争的实践中，特别是与“左倾”错误路线的斗争中，毛泽东认识到“马克思主义的‘本本’是要学习的，但是必须同我国的实际情况相结合。我们需要‘本本’，但是一定要纠正脱离实际情况的本本主义”。毛泽东从“没有调查就没有发言权”的原则出发，阐述了“共产党人从斗争中创造新局面的思想路线”。抗日战争前期，他先后写了《实践论》《矛盾论》等著作，为解决思想路线问题提供理论武器，并向全党提出解决思想路线、思想方法、学习方法的任务。1938 年，毛泽东在六届六中全会上指出：“共产党员是国际主义的马克思主义者，但马克思主义必须通过民族形式才能实现。没有抽象的马克思主义，只有具体的马克思主义。所谓具体的马克思主义，就是通过民族形式的马克思主义，就是把马克思主义应用到中国具体环境的具体斗争中去，而不是抽象地应用它。成为伟大中华民族之一部分而与这个民族血肉相连的共产党员，离开中国特点来谈马克思主义，只是抽象的空洞的马克思主义。因此，马克思主义的中国化，使之在其每一表现中带着中国的特性，即是说，按照中国的特点去应用它，成为全党亟待了解并亟须解决的问题。”

1978年6月，邓小平在全军政治工作会议上引述列宁关于“活的灵魂”的话，指出“主要的是要用马克思主义的立场、观点、方法来分析问题，解决问题。马克思主义的活的灵魂，就是具体地分析具体情况。马列主义、毛泽东思想如果不同实际情况相结合，就没有生命力了。”邓小平这里讲的，也不是马列主义、毛泽东思想内容本身，而是强调运用马列主义、毛泽东思想分析实际情况，这是马列主义、毛泽东思想的生命之所在。

1992年初的南方谈话，邓小平在讲到“学马列要精，要管用的”时说：“实事求是是马克思主义的精髓。要提倡这个，不要提倡本本。我们改革开放的成功，不是靠本本，而是靠实践，靠实事求是。”“过去我们打仗靠这个，现在搞建设、搞改革也靠这个。”

我们党在对马克思主义理论的认识和革命建设的实践中，形成了以实事求是，一切从实际出发，理论联系实际，坚持实践是检验真理的标准为基本内容的思想路线，其精髓是解放思想、实事求是、与时俱进，这是我们党坚持先进性和增强创造力的决定性因素。我们说马克思列宁主义、毛泽东思想、中国特色社会主义理论体系是一脉相承而又与时俱进的理论体系，就是说它们在基本立场和思想路线上是一脉相承的，在具体内容和实践特色上是与时俱进的。

二、马克思主义理论自身的精髓

实事求是是人们认识事物的正确路线，古今中外的一切唯物主义者都不会否认。不论资本主义社会的自然科学家，还是资产阶级的经济学家，甚至资产阶级的政客们都很注意从实际出发，注意根据形势的变化而不断提出解决社会问题的新的观点和对策。“实事求是”是马克思主义认识论、方法论的精髓，但在理论内容上仅涉及辩证唯物主义，这只是马克思主义理论内容的一小部分和思想基石，并不能代表全部内容。

恩格斯《在马克思墓前的讲话》中非常精当地称赞了马克思的革命斗争和理论贡献。他对马克思的思想贡献重点指出了三个方面。

“正像达尔文发现有机界的发展规律一样，马克思发现了人类历史的发展规律，即历来为繁茂芜杂的意识形态所掩盖着的一个简单事实：人们首先必须吃、喝、住、穿，然后才能从事政治、科学、艺术、宗教等。所以，直接的物质的生活资料的生产，因而一个民族或一个时代的一定的经济发展阶段，便构成为基础；人们的国家制度、法的观点、艺术以至宗教观念，就是从这个基础上发展起来的。因而，也必须由这个基础来解释，而不是像过去那样做得相反。

“不仅如此，马克思还发现了现代资本主义生产方式和它所产生的资产阶级社会的特殊的运动规律。由于剩余价值的发现，而先前无论资产阶级经济学家或社会主义批评家所做的一切都只是在黑暗中摸索。

“一生中能有这样两个发现，该是很够了，甚至只要能做出一个这样的发现，也已经是幸福的了。但马克思在他所研究的每一个领域（甚至在数学领域）都有独到的发现，这样的领域是很多的，而且其中任何一个领域他都不是肤浅地研究的。这位科学巨匠就是这样，但这在他身上远不是主要的。在马克思看来，科学是一种在历史上起推动作用的、革命的力量。任何一门理论科学中的每一个新发现，即使它的实际应用甚至还无法预见，都使马克思感到衷心喜悦。但是当有了立即会对工业、对一般历史发展产生革命影响的发现的时候，他的喜悦就完全不同了。例如，他曾经密切地注意电学方面各种发现的发展情况，不久以前，他还注意了马赛尔·德普勒的发现。”

从恩格斯的评价中，我们可以发现马克思主义理论的核心内容表现为三个方面：唯物史观、剩余价值学说和对科学技术的重视。各部分字数的多少，论述的详略程度，反映了其重要性的程度，可惜后来的人们对此未予关注。（一百多年来各国共产党人在夺取政权的斗争中，都强调了剩余价值学说在发动工人进行阶级斗争中的作用，对其他两个方面则相对地忽视了；中国改革开放的成功，应该归功于对唯物史观和科学技术的重视。）如果我们从马克思主义经典著作中进行认真的提炼，不难得出以下可以对其进行提纲挈领的精华认识：一个目标——人的自由而全面发展，两个支点——生产技术的进步与社会关系的和谐，三个特性——人民性、革命性、实践性。

《共产党宣言》指出：“代替那存在着阶级和阶级对立的资产阶级旧社会的，将是这样一个联合体，在那里，每个人的自由发展是一切人的自由发展的条件。”以“每个人的自由发展”来界定社会主义，表明了社会主义的本质特征、终极价值和最高目标，把社会主义同一切旧社会区别开来。恩格斯认为，就表述未来社会新纪元的核心思想而言，除了上述命题再也找不出合适的了。

1841 年 4 月，马克思在写博士论文时，开始从哲学上探讨个人自由问题。他从社会关系中考察人类个体的自由，产生了每个人自由发展的思想萌芽。以后，马克思走出抽象性思辨，旗帜鲜明地为备受压迫的劳动者的自由辩护，并提出理想的国家应该是“相互教育的自由人联合体”，“个人以整体的生活为乐事，整体则以个人的信念为乐事”，行为方式上人从众，目标结果是众从人。

《1844 年经济学哲学手稿》在批判资本主义社会的异化劳动和探讨扬弃异化的途径中，第一次对未来社会的本质特征做了表述：“共产主义是私有财产即人的自我异化的积极的扬弃，因而是通过人并且为了人而对人的本质的真正占有；因此，它是人向自身、向社会的人的复归，这种复归是完全的、自觉的而且保存了以往发展的全部财富的。这种共产主义，作为完成了的自然主义，等于人道主义，而作为完成了的人道主义，等于自然主义，它是人和自然界之间、人和人之间的矛盾的真正解决，是存在和本质、对象化和自我确证、自由和必然、个体和类之间的斗争的真正解决。它是历史之谜的解答，而且知道自己就是这种解答。”

同过去各种共产主义学说（如粗陋的共产主义把物的占有作为目的）不同，马克思强调废除私有制、对物的占有是通过人并且是为了人，关注点是扬弃人的异化，着眼于人本身的发展。占有物不是目的，目的是每个人的自由发展。马克思认为，这就是“历史之谜的解答”。

马克思和恩格斯在《德意志意识形态》中，不仅肯定地认为私有制是异化的根源，而且进一步揭示产生异化的原因是强制性的、固定性的分工（为求生存的无奈）。因此，废除私有制，发展生产力，消灭这种强制性的、固定性的旧式分工，就是克服异化、走向“每个人的自由发展”的必由之路。文章用形象的语言，生动地描述了共产主义社会“每个人的自由发展”的情景：“……在共产主义社会里，任何人都没有特殊的活动范围，而是都可以在任何部门内发展，社会调节整个生产，因而使我有可能随自己的兴趣今天干这事，明天干那事，上午打猎，下午捕鱼，傍晚从事畜牧，晚饭后从事批判，这样就不会使我老是一个猎人、渔夫、牧人或批判者。”

《资本论》明确地指出，共产主义社会是比资本主义“更高级的、以每个人的全面而自由的发展为基本原则的社会形式”，是人类社会由“必然王国”向“自由王国”的飞跃。

围绕社会发展和人自身发展的核心概念与根本目标，马克思认真研究了人自由发展的历史必然性及其实现的前提和条件，并将人类未来的希望寄托于生产技术的进步和社会关系的和谐。

历史是一个以生产力发展为动力、以个人本身发展为内容，不断从低级走向高级的螺旋式上升过程。在《1857—1858 年经济学手稿》中，马克思写道：“人的依赖关系（起初完全是自然发生的），是最初的社会形式，在这种形式下，人的生产能力只是在狭小的范围内和孤立的地点上发展着。以物的依赖性为基础的人的独立性，是第二大形式，在这种形式下，才形成普遍的社会物质变换、全面的关系、多方面的需要以及全面的能力的体系。建立在个人全面发展和他们共同的、社会的生产能力成为从属于他们的社会财富这一基础上的自由个性，是第三个阶段。第二个阶段为第三个阶段创造条件。因此，家长制的、古代的（以及封建的）状态随着商业、奢侈、货币、交换价值的发展而没落下去，现代社会则随着这些东西同步发展起来。”这段话明确揭示了个人发展在自然经济、商品经济、社会经济（社会主义与共产主义）三大历史阶段的特点：不自由、不得已的全面发展；不自由的片面发展；自由而全面的发展。

从唯物史观出发，马克思指出，全部人类历史的第一个前提无疑是有生命的个人的存在，而“个人怎样表现自己的生活，他们自己就是怎样。因此，他们是什么样的，这同他们的生产是一致的——即和他们生产什么一致，又和他们怎样生产一致。因而，个人是什么样的，这取决于他们进行生产的物质条件”。生产方式决定生活方式，也决定人的本质。历史发展，人本身的发展，归根结底是由生产力的发展决定的，是由人自身的工作决定的。带着铁链劳动的是奴隶，为自家温饱耕种的是农民，进行机械化作业的是工人，从事技术和管理工作的是白领，综合运用各种社会资源进行生产组织的就是企业家。

资本主义条件下的个人自由以牺牲自己丰富的个性为代价，同时以牺牲大多数人的自由发展为前提。由于生产力的低下，或者发展不足，一些人（少数人）的自由发展、个性的比较高度的发展，以牺牲多数人的自由发展为条件，可以说是一切阶级社会所共有。

马克思在批判资本主义中发现，生产力的发展、物质财富的扩大，是一种不会停止的历史趋势，历史发展必定会出现这一天，无限丰富的物质财富能够满足全社会每个人的需要，过去一直支配人们把追求财富作为唯一目的，已成为多余；人们之间为争夺控制和支配生活资源而展开的竞争，也因为没有必要而终止，这时，人们就会把目标转向人本身的发展。“共产主义是私有财产即人的自我异化的积极的扬弃”这句话，应该是人类走向社会主义、共产主义的一般道路，因为社会文明形态的进步归根到底是建立在生产进步和道德进步的基础之上的，而“暴力革命”只是阶级矛盾尖锐时期的特殊方法。“积极的扬弃”值得探讨，美国“伟大社会”，欧洲的“一体化”，其他的“民主社会主义”“福利社会主义”是不是对私有财产“积极的扬弃”？在《哥达纲领批判》中，马克思指出：实行相对公平的各尽所能、按劳分配，在这里平等权利按照的原则仍然是资产阶级法权，生产者的权利是和他们提供的劳动成比例的。共产主义要随着生产力的发展，经历一个由低级到高级的发展过程，“在共产主义的高级阶段上，在迫使人们奴隶般地服从分工的情形已经消失，从而脑力劳动和体力劳动的对立也随之消失之后，在劳动已经不仅仅是谋生的手段，而且本身成了生活的第一需要之后；在随着个人的全面发展生产力也增长起来，而集体财富的一切源泉都充分涌流之后，——只有在那个时候，才能完全超出资产阶级法权的狭隘眼界，社会才能在自己的旗帜上写上各尽所能，按需分配！”

人的自由而全面发展同个人所能拥有的自由时间密切相关。马克思说：“时间实际上是人的积极存在，它不仅是人的生命的尺度，而且是人的发展的空间。”当人们还为一日三餐奔波的时候，他就缺少发展的空间。马克思进一步说：“自由时间——不论是闲暇时间还是从事较高级活动的时间——自然要把占有它的人变为另一主体。”有无自由时间、自由时间的多少，决定了个人有没有发展的空间和发展空间的大小。从人类历史发展过程来看，随着生产力的发展和劳动生产率的提高，人们用于谋生需要的劳动时间也会随之减少。随着科学技术的发展，劳动生产率的不断提高，这一缩短劳动时间的趋势还在继续。将来人们满足日常生活需要的必要劳动时间，每年也许只要有一两个月就足够了，这样，每个人自由而全面的发展是完全可能的，劳动成为人的第一需要也是完全可能的。甚至，人们在按照自己兴趣进行的生产实验活动中创造的财富，就足以解决人们的生存需要，那么人们的一切活动，都将是自由发展的活动。

在生产高度发达的基础上，人们摆脱了生存竞争的束缚，彻底成了自然界和人类社会的自觉的自由的主人——这便是马克思主义的理想。

为了实现人类最美好的理想，马克思主义认为必须由最先进的阶级的最先进分子组成自觉革命的政党，来领导广大的社会成员一起团结奋斗。从马克思主义关于无产阶级政党的论述中，我们可以得出共产党人具有三个特性的认识。

一是人民性。即把自己身心置于社会大多数民众之中，认为人的本质是一切社会关系的总和，自己是社会生活人群中的一个普通分子，社会整体的解放进步，是自身自由幸福的基础和前提，相信“大家好，才是真的好”；因此共产党人关心占绝大多数的人民群众的利益，就是关心自己的根本利益，全心全意为人民服务，是一种完全自觉的价值实现。而脱离群众，把个人利益凌驾于人民利益之上，就是对党性和价值观的背叛。人民性不是中国古代“民贵君轻”思想的发展，而是彻底地把人民群众放在历史和现实生活的主体地位，党政是人民实现自己利益的工具，共产党员只有真正深入群众，与群众心连心、同呼吸、共命运，才能有智慧、有力量、有作为。

二是革命性。革命不是发动战争，更不是搞破坏的代名词，而是对事物发展规律的科学把握和对自身前途命运的积极建设。共产党人承认物质对意识、环境对人的决定作用，同时认为，人能够对事物的发展变化进行科学认识分析，并利用掌握的规律知识来为人类服务，改善人类生存和发展的状态。共产党人坚决反对认为命运摆布一切的宿命论，最积极地探索社会发展和自然变化的规律，满怀豪情地通过不断发展生产力和调整社会生产关系，使人类社会成为自然界自在的主人，所有的人都能过上理想的幸福生活。

三是实践性。作为彻底的唯物主义者，共产党人都是实践论者，认为实践既是人类生活活动的自然河流，又是人类能动性的体现过程，是检验真理的唯一标准，达成意志的唯一途径，一切有价值的东西，都是在生产生活的实践中产生，所以共产党人最注重理论联系实际，最乐于劳动，最乐于工作，甚至把劳动当作生活的第一需要。

如果明白了共产党人的这三个特性，就会明白真正的共产党人为什么能够站在时代前列，走在群众前面，挺起身子就是民众的伞，俯下身子就是民众的牛，就会明白共产党人在现实生活中对待各种事物应有态度，就会明白党员当得是否合格。

三、用马克思主义的精髓认识当今的中国与世界

苏联解体后，自诩为“自由世界”的理论家们欣喜若狂，嚷嚷着“共产主义运动会不战而亡”，由共产党执政的社会主义国家也不免为之一惊。但是，假如马克思、恩格斯在世，他们看到的一定不是共产主义在走向灭亡的现象，——无论社会主义国家的改革，还是资本主义的发展，都在新的现实基础上向人类的理想——共产主义迈进了一大步。

全部的马克思的学说，无论是他的哲学、政治经济学还是对自然科学的论述，都服从于人类的自由解放这一总目标。人的自由而全面发展，是共产主义社会的根本特征，共产主义运动的根本目标。马克思主义的科学性，在于它承认客观事物及其规律，认为人类活动只能是一定历史条件下的活动，并且必须顺应客观规律；马克思主义的革命性，在于它把人类放在客观世界中的主体地位上，教导人们要顺应和利用规律达到自己的目的，而非成为客观世界的被动奴隶；马克思主义的阶级性，在于它对人类发展的所有伦理基点，都是出自与生产劳动紧密相连的劳动人民的立场；马克思主义的实践性，在于它把理论的价值标准，放在了改造自然及人类社会的行动中而非书本上和讨论中。当前我们党正在实施马克思主义理论研究和建设工程，努力用发展着的实践丰富发展马克思主义，用与时俱进的马克思主义指导新的社会实践。我们学习马克思列宁主义，应当学习他们从劳动者根本利益出发的立场、紧密依靠群众自觉创造幸福生活的观点和善于从纷繁复杂的现象中看本质找规律的方法。

在马克思主义看来，剩余价值学说的目的在于进行阶级斗争，进行阶级斗争的目的在于变革社会生产关系，变革社会生产关系的目的在于解放和发展生产力，解放发展生产力的目的在于实现人的自由而全面的发展。达成目的手段（路线政策），在一定历史条件下总是有鲜明的正误之分，但手段总是手段，目的总是目的，把手段当成目的，是本末倒置，用一种手段应对一切问题，无异于用一剂灵丹包治百病。赤兔马、偃月刀，只能建功于冷兵器时代；今天的英雄人物，当首推袁隆平、张瑞敏之类科学家、企业家。我们说马列主义是先进的科学的理论，是说这一理论是建立在正确的世界观、科学的方法论基础上，是与时俱进、正确地认识了事物的本质及其规律的，而不是说马克思过去的某些观点结论对于解决所有问题总是永远正确的。指导资本主义发达国家的无产阶级革命，是马克思生命的重要部分，然而无产阶级革命的成功，恰恰发生在资本主义比较落后的俄中等国，中国走的还是一条农村包围城市的道路，但这并不能否定马克思主义。马克思列宁主义诞生以后，共产主义运动在世界上可谓四海翻腾、五洲震荡。资产阶级及其政府在维护自己既得利益，对共产主义运动进行疯狂剿杀的同时，共产主义的思想就如幽灵一样，潜入了资产阶级头脑内部。两种意识形态、两大阵营在 20 世纪经历了无数次明枪暗炮的斗争，但世界历史证明：给人类带来灾难的，不是阶级的对立和斗争，而是霸权主义、法西斯；随着生产力的发展，社会主义建立和资本主义生产方式的改进，阶级斗争从战争行为转为法制行为，退为社会的次要矛盾；而共产主义思想，无论在生产实践、政治生活中还是在道德伦理、社会行为中，都大量地成为社会的现实。我们不能否认，在当前资本主义世界中，私有观念根深蒂固，享乐主义充斥泛滥，但这些只要在法律道德的调控之下，对社会发展和人类进步也有积极和可利用的一面，不会造成严重的消极影响。即使在共产主义的高级阶级，生产与消费，权利与义务，也都要有具体的表现形式，否则共产主义便不能成为社会现实，而只能是虚无缥缈的幻想。并且社会实践证明，自私狭隘的思想意识和行为习惯会随着社会的文明进步而消退，比如强调“私”并非提倡损人利己，而是提倡彼此珍爱；强调“自由”并非倡导胡作非为，而是倡导不干涉损害他人。

当前资本主义发达国家在解决现实问题的层面上，有很多方面比社会主义国家还要先进，国民的文明观念、思想道德总体上也比我们先进（比如我们许多人对社会理想、人生价值缺乏明确深刻的认知，爱国主义、集体主义乃至对自我的爱往往只体现在口头上、冲动上，而不能体现在日常工作生活的细小行为上。西方企业已经基本实现生产管理和劳工保护的社会化，高额遗产税正在改变着“不劳而获”的社会公平毒瘤，普遍的公益团体和公益行为实践着“为人民服务”和“劳动是第一需要”的高级社会行为特征），但是他们一些政治家达尔文主义观念较重，虽然大唱人权高于一切，对一只小鸟也爱护有加，但却恨铁不成钢似地鄙视和憎恶落后地区和人民，总是一厢情愿地试图用粗暴的外科手术来对别人进行细致的精神重建；一些关于不同地区人类文明差异的学术研究不是用来增进相互理解、尊重和沟通交流，促进和平相处共同发展，而是用来增加歧视、敌视，进一步制造隔膜和冲突；一些政客利用人们心理认识的不成熟、不清晰，偷换使用“人类利益”“民族利益”和“个人利益”的概念，用美丽的谎言诈骗公众的社会热情，惹是非挑祸端，以民众的汗水乃至血肉来达成自己的名利；而一些不能通过政治对话来表达和维护自己利益的人，则走上恐怖主义的邪路——这些才是人类和平发展真正需要警惕的。政治家应该有这样的理念：将军和军火商的紧张与荣耀，就是自己的失职与耻辱；保障民众生存与发展的权利，向科学技术要生产力，从而增进人民的生活幸福，才是自己真正的使命。坚持从马克思主义的、人民的立场出发，我们就可以明辨是非，正确借鉴人类社会一切有益的文明成果，既不闭关锁国，又不全盘西化，而是结合自己实际建设中国特色社会主义，平等友好地和世界各国各民族一道爱护共同拥有的地球家园，创造和谐美好的人类生活。

今天，我们可以看到，马克思、列宁所批判的那个疯狂的、腐朽的、垂死的资本主义在两次世界大战之后也经历了一个自我更新过程，直到现在还在不断进行着自我完善和发展。一些学者指出：当前无论是社会主义国家的改革还是资本主义国家的发展，只要是以人为本关注人类的生存和发展问题，都是自觉不自觉地在掌握、运用马克思主义的精髓（辩证唯物主义和历史唯物主义），进行着现实的社会主义实践。生产的活力、贸易的诚信、社会保障的普及、社会生活的友爱、普遍的幸福感，与那个尔虞我诈、贫富对立的旧世界相比完全是两个社会。社会保障体系的完善，意味着资本对人的统治的解除，即意味着以阶级斗争为主要矛盾的资本主义的消亡和以生产和消费需求为主要矛盾的社会主义社会的确立。

西方政权热衷于对社会主义搞“和平演变”，其实，他们已经通过社会保障和宏观调控的经济杠杆，破解了私有制阻碍经济发展和产生人的异化的难题，破解了生产资料私有制与社会化大生产之间的矛盾难题，而被马克思主义“和平演变”。当社会保障体系健全并覆盖到每一个社会成员时，人们的生存即处在一个共同的经济基础之上，而发展则是海阔凭鱼跃，天高任鸟飞，人与社会相互关爱，犹如一个和谐的大家庭。西方社会对资本主义发展前途的探索，总体上也是指向了生产和生活的社会和谐、人的自由而全面的发展。从社会学、心理学的角度说，社会的发展、社会的社会主义化过程，同人的成长、人的社会化过程是类似的、一致的，人类社会正在由幼稚冲动期走向稳健成熟期。北欧一些国家在政治舞台不出风头，而在人民幸福方面却尽得风流。维克多·雨果曾说："总有一天，……所有的欧洲国家，无须丢掉你们各自的特点和闪光的个性，都将紧紧地融合在一个高一级的整体里；到那时，你们将构筑欧洲的友爱关系。" 而今，欧盟的旗帜已经高高地飘扬，虽然各国间也存在矛盾，也有"脱欧"的声音，但是"欧盟一体" 的铭言和贝多芬第九交响曲中的《欢乐颂》的盟歌使成员国团结和谐幸福地联系在一起。欧盟的出现体现了人类和平发展的理性和趋势，显示了历史前进的大方向，其他区域性乃至全球性的合作也在自发地、稳健地发展，各种共同体的出现和发展变化，必将使人类拥有更加和谐、广阔和自由的世界。

当联合国的作用发挥到最平顺的时候，世界各国各民族将真正成为地球家园中平等和睦的兄弟姊妹，爱的旋律将充满全球。目前所谓社会制度和价值观的争论，用的还是 20 世纪的、表象的观念。政治领袖的价值，不在一时观念下的荣辱胜败，而在长远历史进程中对人类文明进步的推动作用。当前的世界，经济发展迅速，信息交流方便，政治家应该站在新的高度用新的理念促进社会的和谐发展，如果老是纠缠在历史旧账或者局限在一隅之私中，就难免妨害今天、丧失明天。不同的文明和价值观是具体历史的产物，既可以和而不同，也可以在互惠互利的交往中自然而然地实现和平统一。经济贸易和科学文化体育交流因为更切近民众的根本利益、实际利益，往往比政治军事冲突更能从根本上解决文明发展问题。《格列佛游记》中小人国为打鸡蛋从大头开始还是从小头开始而进行战争，那样滑稽可笑的悲剧在新时代应该休矣。明智的政治家当引领民众入广阔福地，不能视驱民众入水火而为勇。"台独"分子自以为是在搞民主开拓发展空间，实则为以开疆立国之封建虚名而人为制造画地为牢、分裂对抗之民族实祸。现在，有见识的政党、民众都已清醒地认识到“台独”不是爱台湾，而是害台湾、害中华民族、害世界和平。海峡两岸共同发展繁荣正面临着难得的历史机遇，两岸比以往任何时候都更需要也更有条件携手合作、共同发展。同根同文的兄弟姊妹，亲情之血浓于水，团圆大义重如山，如果台湾所谓的政治家都能把自己的面子看轻一些，把人民的福祉看重一些，听民愿，顺民意，架友谊桥，铺和平路，实现了解理解和解，达到共事共生共荣，则可使民众共同拥有广大发展机会和发展空间，而当权者才能真正有名垂青史的政治作为。和平统一是当今十几亿炎黄子孙正在用自己的智慧意志打开历史的绳疙瘩、共同编织的吉祥幸福的中国结的过程，完成这件美丽的作品，不仅可使中华民族实现精神的圆满、文明的发展，亦可为世界的沟通进步、文明发展做出贡献。

和谐是形容事物之间关系状态的词汇，它肯定不同事物在本质上的差异，不要求各种事物大同一律，但追求事物在对立统一中处于稳定有序的运动状态。和谐社会是指人类生产生活的各个方面相互协调，和谐一致，相互促进，充满活力。从外延上说，和谐社会指以人为本的生产的和谐和生活的和谐。生产的和谐包括生产的人际和谐（主要是民众与企业、员工与老板之间利益一致的和谐）和生产的自然和谐（主要是企业之间、社会与自然之间物质循环的和谐），生活的和谐包括生活的人际和谐（人与人的和谐）和生活的社会和谐（政府与居民的和谐）。和谐社会是人类实现自身幸福的必然方式，自觉的理性引导可以减少追求中的失误，提高成功的效率。

和谐社会是什么样子呢？社会实践正在进行以下的发展和描述。

第一，经济主体摆脱所有制问题羁绊，技术创新活跃。股份化经营方式，既使公有资本获得活的法人，又使私有资本具备了社会性；当个人需要的层次不断升高、恩格尔系数不断下降，人们的基本生活需要得到普遍满足的时候，作为个人财富的资本便具有更大的社会性——它产生于社会，造福于社会，遗留于社会——股东和经理层仅仅是经过市场选择的管理者而已，资本运作方式、成长方式、服务目标日益社会化，生产资料所有制问题不再成为生产发展和人格自由的羁绊。资本持有者如同知识掌握者一样，成为人类根本利益的推动者，企业生产体现出资本增长与为民众谋利的一致性，工人劳动体现出为自己谋生和为企业、为社会贡献的一致性，一切有利于社会进步的创造愿望得到尊重，创造活动得到支持，创造才能得到发挥，创造成果得到肯定，社会生产具有旺盛活力。

第二，宏观经济环境和谐稳定。在企业富有活力的同时，国家的宏观调控能力也相当强大，税收成为社会价值观的主要标准和经济调控的神经。国家可以用信息和政策因素引导企业为着公众利益组织产品的开发和生产，这意味着作为国家主体的绝大多数公民对社会生产、社会资本具有宏观管理权；市场的准入和退出机制完善，先进生产力可以轻快发展，落后生产单位在社会保障扶助下可平稳退出；法制化从道德角度、信息化从技术角度改变生产的无政府、无计划状态，市场的需求导向和资源配置作用直接服务于民众个性要求和效率原则，对自然资源的利用高效、循环、清洁、可持续，生态环境保持在适宜人居的良性状态。

第三，人际关系和谐亲密。随着生产力的发展，社会福利和社会保障体系建立完善起来，社会成员的生长、教育、就业、养老问题得到社会保障，人们逐步摆脱生存斗争的支配，获得自由而全面发展的基本物质条件。人们比以往任何时候都更真切地感受到社会进步与自身幸福的关系，能够正确处理个人利益和集体利益、局部利益和整体利益、当前利益和长远利益的问题，在生产关系中讲公平竞争，在社会关系中讲诚信友爱，为社会造福，为他人造福同实现个人价值日益紧密地结合起来，人们的价值追求从生理需要上升到社会需要乃至自我实现的需要，人们更乐于享受创造奉献的幸福而非继承获得的幸福。

第四，公共机构服务质量好，公众满意度高。政党既是阶级或集团利益的代表，同时也是全社会利益代表的不同流派，执政党能够把全社会的共同利益最好地体现出来并得到公众承认。对政府的机构设置和管理行为，公众的参与权、知情权、监督权得到充分的实现，政府成为公众廉洁高效的依法办事机构（即马克思所说的“公共事务管理委员会”）。同时，规范的社团、行业组织和社会中介机构也成为社会管理和社会服务的重要部分，公共服务运行效率高、成本低。民主法制成为社会行为规范，公民能够平等自由地正确行使和享受权利，积极而认真地履行社会义务。

“树遇良匠皆成材，人逢尧舜尽圣贤”，正确认识马克思主义的精髓，会使我们看到一个世界性的、生机勃勃的、社会主义化的发展现实，会坚定我们中国特色社会主义道路的信心，会壮大我们和平建设发展的力量。在马克思列宁主义、毛泽东思想和中国特色社会主义理论的指引下，我们的社会一定会更加美好，中华民族振兴的步伐一定会更加快捷，和谐世界的理想一定会尽快实现！

四、马克思主义与中国传统文化的关系

目前在中国大地上，传统文化研究和宣传热潮高涨，儒学重新成为显学。当年孔子风尘仆仆周游列国，实际上齐鲁郑卫陈蔡诸国不过是山东、河南几个县，而今随着孔子学院正在世界各国落地开办。国外汉学家渐多，中国传统文化声望日隆。这本是大好事，是中华民族复兴在文化上的一种表现。有些理论工作者感到迷茫，意识形态领域中坚持以马克思主义为指导的方针是否发生了变化？有些极端的儒学保守主义者误判形势，拔高之论迭出。乱花迷眼，议论各异，意识形态领域陷于两难，似乎强调坚持马克思主义思想指导，就是贬低以儒学为主导的中国传统文化，反之，则应把马克思主义请下指导地位的“神坛”，重走历史上尊孔读经以儒治国的老路。这种非此即彼、冰炭不可同炉的看法，理论上是错误的，实践上是有害的。

（一）站在社会形态更替的高度来审视马克思主义和中国传统文化的关系

如何理解马克思主义和以儒学为主导的中国传统文化之间的关系，让人想起“周虽旧邦，其命维新”。冯友兰是中国现代史上杰出的思想家、哲学家和哲学史家，也有的学者尊他为现代新儒家。他在历经多年编写的《中国哲学史新编》中的序言中说，“诗经上有句诗说，‘周虽旧邦，其命维新’。旧邦新命，是现代中国的特点。我要把这个特点发扬起来。我所希望的，就是用马克思主义的立场、观点和方法重写一部中国哲学史。”冯先生由于专业写作的需要，把它仅限于以马克思主义观点重写中国哲学史。从冯先生的话中得到启发，我们以“旧邦新命”作为廓清迷雾、解开马克思主义与中国传统文化关系争论的一把钥匙。

社会主义中国，是具有五千年历史的古老中国的当代存在。中国是旧邦，是一个古老的国家，可当代中国是不同于传统中国的社会主义形态下的新的中国。中国共产党负有新的历史使命，这就是中华民族的伟大复兴。它包括创立社会主义新中国的民族复兴，也包括中华民族的文化复兴。这是一条既要坚持马克思主义思想理论指导，又要正确处理马克思主义与中国传统文化关系的道路。这条路历经 90 多年的摸索，在艰难曲折中跋涉前行。有经验，也有教训。只有站在社会形态变革的高度进行审视，才能牢固确立中国共产党和社会主义社会以什么为指导思想，以及如何处理马克思主义与中国传统文化关系这个重大问题。这个问题仅仅局限在文化范围内是说不清楚的。

中国社会主义制度的建立是社会形态的根本变化，这是中国历史上几千年未有的大变化。自秦始皇统一中国之后的两千多年，中国历史的变化本质上是同一社会形态内部的变化。王朝易姓，改朝换代，都没有改变中国社会形态的本质。经济结构、政治结构、文化结构当然有变化，但都具有同一社会形态的历史继承性和延续性。中国封建社会是在一治一乱、王朝易姓中走向发展和成熟的。在中华民族的开化史上，有素称发达的农业和手工业，有许多伟大的思想家、科学家、发明家、政治家、军事家、文学艺术家，有丰富的文化典籍。历史上出现过儒释道的相互吸收，也出现过新儒家，但儒学道统未变。在两千多年中，孔子是王者师，是素王，这个至高无上的圣人地位没有因为王朝易姓而发生根本变化。新王朝依然是尊孔读经，依然是看重儒家学说作为维护社会正常秩序和统治合理性的首要思想功能。

任何有点历史知识的人都知道，相信“水可载舟，亦可覆舟”

的皇帝多，因为这是历史的经验；真正信奉“民贵君轻”，实行王道、仁政者极为罕见。这不是皇帝个人的罪恶。历史上有不少对中国历史做出过贡献的皇帝。这也不是儒家思想存心欺骗或愚民，封建社会的政治现实不能否定儒家学说精华中的思想价值。这是封建社会的经济关系和阶级关系使然。理想永远高于现实，现实从未完全符合理想，这是历史上一切伟大思想家的共同宿命，孔子也是如此。

（二）只有以马克思主义为指导才能变革中国社会

清末，中国社会处于崩溃前夕。近代历史上出现过不少以身许国流血牺牲的仁人志士，可是中华民族的命运并没有改变。面临西方资本主义列强入侵，处于风雨飘摇没落时期的中华民族，无论藏书楼中有多少传世的经典宝鉴，传统文化中有多少令世人受用无穷的智慧，儒学中的正心诚意、修齐治平的道德修养和治国理政观念如何熠熠生辉，都不可能避免中华民族被瓜分豆剖的命运。历经失败，最终实现中华民族复兴这个伟大任务，落在中国共产党的肩上。中国这个旧邦要想复兴，改变中华民族的命运，救人民于水深火热之中，不可能再沿着历代改朝换代的道路走，沿着历史上尊孔读经的道路走。

中国共产党成立的首要任务是革命，是推翻压在中国人民头上的三座大山，打倒帝国主义、封建主义和官僚买办，解放全中国，建立一个和历代王朝不同的社会主义新中国。这已经不再是历代封建王朝的延续和更替，而是社会形态的变化。要实现这个任务，从思想理论指导角度说，只有马克思主义才能发挥这个作用，因为马克思主义就是关于社会形态革命的学说。它的辩证唯物主义和历史唯物主义哲学、劳动价值论和剩余价值学说，以阶级斗争和无产阶级专政为核心的科学社会主义学说，是一个严整的、科学的思想理论体系。只有它才能为中国共产党如何解决中国问题，照亮处于危亡之际的中国，为沦为半封建半殖民地的中国找到一条中华民族复兴之路。中国民主革命的胜利，就是马克思主义中国化的胜利，就是马克思主义与中国实际相结合的胜利。这条道路是通过阶级斗争和武装斗争，通过血与火的斗争，生与死的决战，以千百万人的流血牺牲取得的。这是一条推倒既有社会秩序、等级、法统、道统的“犯上作乱”、革命造反之路，是与儒家和新儒家倡导的修齐治平、内圣外王、返本开新迥异的道路。

在革命胜利之后，中国共产党用了 60 多年寻找中国社会主义建设和改革之路。同样只有运用马克思主义的基本理论和方法，结合中国的实际才逐步弄清社会主义初级阶段中的生产力与生产关系、经济基础与上层建筑的关系，解决什么是社会主义、如何建设社会主义，找到建设中国特色社会主义之路。中国特色社会主义理论、道路、制度的建设，就其指导思想理论来说都是马克思主义，是马克思主义和中国实际的结合。

在讨论马克思主义和以儒学为主导的中国传统文化关系时，决不能忘记社会形态变革这个重大的历史和现实，不能忘记“旧邦新命”。马克思主义是无产阶级的阶级主义，是为无产阶级和人类解放而斗争的主义；马克思主义的立足点是阶级、阶级关系和阶级斗争，而儒学是处理以宗法制度为基础，以血缘为纽带，以家庭为细胞的人与人的关系。儒学学说中没有阶级，只有君子与小人之别。这是以道德为标准的区别，而不是阶级区别。封建社会也有穷人和富人，这种区别在儒家看来只是贫和富的区别，而非阶级区别。儒家处理等级关系的方法，是正名；处理贫富关系的方法，是“贫而无怨，富而无骄”。马克思主义处理的是阶级关系，儒学处理的是同一社会内部的君臣、父子、夫妇、兄弟、朋友关系，即所谓五伦关系，而非阶级对抗关系。因此马克思主义强调阶级斗争和夺取政权；而儒家强调“仁”与“和”稳定既成的社会关系。如果不懂得这个根本出发点，就无法理解登上中国政治舞台的中国共产党，为什么不能继续沿着儒家铺就的道路作为中华民族复兴之路，而要举起马克思主义旗帜。

“领导我们事业的核心力量是中国共产党，指导我们思想的理论基础是马克思列宁主义”，我们应该重新温习毛泽东当年这两句话。它包含为什么要以马克思主义为指导，以及如何处理马克思主义与中国传统文化关系的回答。

（三）只有继承中国传统优秀文化，马克思主义才能在中国取得胜利

马克思主义的强大力量就在于它与中国实际的结合，其中包括与中国历史和传统文化的结合。中国共产党是中国的共产党，而不是别的什么国家的共产党；是在中国建设社会主义，而不是在别的什么国家建设社会主义。无论是共产党，还是社会主义社会都是植根在这块具有深厚历史传统和文化传统的13亿人口的中国，当然应该重视中国的历史和文化遗产，重视中国传统文化尤其是长期处于主导地位的儒家学说对中国社会结构、对中国人的民族性格、对中国人的思想和价值观念的深刻影响。马克思主义要在思想和情感上为中国先进知识分子和以农民为主的中国人民所接受，必须植根于中国的历史和文化。中国革命需要马克思主义，中国文化和历史传统能接纳马克思主义。

依靠武力可以夺取政权，但仅仅依靠武力不能建设新社会。

按照毛泽东当年的话，革命胜利只是万里长征走出的第一步。中华人民共和国成立以后，需要解决的问题更多。这些问题包括社会生活各个领域，尤其是在精神方面，在软实力的建设方面，仅仅依靠马克思主义作思想理论指导，而不充分发掘、吸取与运用中华民族丰富的文化资源来进行社会治理、人文素质的培养、道德教化，是不可能完成的。如果说，在以军事斗争为中心的武装夺取政权时期，处理马克思主义与中国传统文化的关系问题还没有那么急迫，那么革命胜利之后，随着社会主义建设的发展，特别是改革开放后社会转型期的道德、信念、理想、价值中呈现出的某种程度的紊乱，就成为一个亟待正确处理的问题。

“攻守易势”和“马上得天下，不能马上治之”，是中国历史的两条重要经验。在革命时期，中国共产党处于攻势，主要是推翻旧中国和改变旧秩序，夺取政权，一句话，是“攻”；革命胜利之后，中国共产党掌握全国政权，不能只破，还必须立。现在不是我们向原来当政者进攻的时代，我们自己就是当政者，就处在时刻“被攻”的地位。国家治理如何，社会状况和社会秩序如何，人民生活如何提高，生态环境如何，全国人民的眼睛都望着中国共产党，一切都要由我们当政者自己负责。从这个角度说，革命的胜利，取得全国政权的开始，同时就是攻守易势的开始。

“马上得天下，不能马上治之。”通过革命斗争打出的天下，不可能在治国理政、调整内部矛盾时照样沿用革命的方法，照用武装斗争的方法。“正心诚意，格物致知，而后修齐治平”，不是中国革命胜利之路，却是取得政权后当权者的修养和为政之道。以儒家学说为主导的传统文化包含有丰富的治国理政、立德化民的智慧。必须研究中国历史上治国理政的经验和中国传统文化，尤其是儒家学说中注重社会和谐和民本的治国理政的智慧，研究如何立德兴国、教民化民。大力倡导树立和践行社会主义核心价值观，构建社会主义和谐社会，实现“马上”夺权到“马下”治国的精彩转身，对于一个民族来说，最有效的学习就是从自己的错误中学习。中国特色社会主义建设就是在不断总结经验中发展和前进的。

（四）正确评价儒家在中华民族文化中的地位

中国传统文化博大精深。它流动于中华民族的生活方式之中、传统的风俗民情之中，凝集于包括儒墨道法诸子百家经史子集的经典之中。儒家不是中国传统文化的全部，但处于主导地位。中华民族文化复兴具有极其丰富的内容，包括多方面的任务，不能简单理解为仅仅是复兴儒学。

儒家哲学主要是人生伦理哲学。梁启超把儒家哲学归结为八个字：修己安人，内圣外王。“修己安人”是儒家哲学的功用，它的作用就是修己，即个人的道德修养或说是修身。修己达到极处就是内圣，安人达到极处就是外王，即治国平天下。正因为儒家哲学是人生伦理学，因此，儒学中的命题都离不开人生问题。从孟荀讨论的性善恶问题、告子与孟子讨论的仁义之内外问题、宋儒讨论的理欲问题、明儒讨论的知行问题，都离不开做人的问题。修齐治平，都是道德修养的结果，都是内圣外王的表现。

陈寅恪关于冯友兰《中国哲学史》的审查报告说：“故二千年来华夏民族所受儒家学说之影响，最深最巨者，实在制度法律公私生活之方面，而关于学说思想之方面，或转有不如佛道二教者。如六朝士大夫号称旷达，而夷考其实，往往笃孝义之行，严家讳之禁。此皆儒家之教训，固无预于佛老之玄风也。”儒家学说由于它在中国封建社会的政治作用，无疑长期处于中国传统文化的主导地位。以儒家学说为主导的中国传统文化的重要性，是毋庸置疑的。它是中华民族的血脉和文化之根。我们不可能也不应该割断中华民族的文化脐带，否定中国传统文化。

中国传统文化中的哲学智慧深如汪洋、高如崇山，尤其是其中的辩证智慧和丰富的生态观念。儒家学说虽然不能等同于中国传统文化，但与中国传统文化的基本精神是一致的，具有辩证性。任何片面性都会导致曲解。儒家既讲和，和为贵；又讲礼，“知和而和，不以礼节之，亦不可行也”。礼就是原则，因此“和”是有原则的，而不是无条件的和。既讲“以德报德”，又讲不能“以德报怨”；既讲“仁者爱人”，又讲“惟仁者，能好人能恶人”。有爱有憎，不是只爱无憎。既提倡“穷则独善其身”，孔颜乐处，也倡导“达则兼济天下”。既倡导服从，不能犯上，也倡导“匹夫不可夺志”的独立人格，倡导“富贵不能淫，贫贱不能移，威武不能屈”的大丈夫精神。既讲富民，也讲教民。既讲尊君，也讲民本：居庙堂之高，则忧其民；处江湖之远，则忧其君。既讲向善，也讲向上。既讲民富，也讲国强。既讲厚德载物，也讲自强不息。既讲向善，也讲求真。儒家提倡“杀身成仁”“舍生取义”，仁和义是付出生命代价的原则，而不是把自己变为盲目的杀人机器。这是与所谓“武士道”精神完全不同的中华民族精神。

中华民族传统文化是中华民族的精神家园。推翻具有半封建半殖民地社会性质的旧中国，建立社会主义形态的新中国，必须坚持马克思主义思想理论指导，必须有一个科学的世界观和方法论。可要使马克思主义在中国有生长的思想文化土壤，要保持中国人的中华民族特性，要使中国人有颗中国心，必须继承中国传统优秀文化和优秀道德。如果不以中华民族传统优秀文化和优秀道德来涵养中国人，没有对中国传统文化和优秀道德传统的继承，就培养不出有高度文化素质和道德素质的有教养的中国人。即使取得政权，也不可能建设一个具有高度发达文明和文化的新中国。

中国是多民族国家，我们重视民族文化的多样性，但更要重视中华民族文化一元性的认同。这是维护民族团结、国家统一的思想文化黏合剂。习近平总书记说："一个国家，一个民族的强盛，总是以文化兴盛为支撑的，中华民族伟大复兴需要以中华文化繁荣为条件。"历史证明了这个真理，凡以军事力量建立的大帝国，如罗马帝国、蒙古帝国、奥斯曼帝国、波斯帝国，都不可能单纯依靠军事力量来维系。一旦解体，就会分裂为许多各自拥有自己民族文化的国家。一个国家没有占主导地位的统一的文化、没有能相互交流的统一的语言，就没有向心力和凝聚力。苏联解体后的情况，就是如此。原来互为一家，现在有些以邻为壑。

（五）中国传统文化的创造性转化和发展

民族是文化的主体，文化是民族的血脉。清末中华民族传统文化的危机，与中华民族的困境相伴而行。而中华民族的复兴，则是中华民族文化复兴的前提。一个民族文化的命运与民族自身的命运不可分。毛泽东曾经说过："伟大的胜利的中国人民解放战争和人民大革命，已经实现了并正在复兴着伟大的中国人民的文化。"没有中华民族的复兴，就不会有中华民族的文化复兴。

只要看看世界文化史，看看当今战火纷飞民不聊生的伊拉克、叙利亚、利比亚，看看内乱不已的埃及，想想巴比伦文明、两河流域文明、埃及尼罗河文明昔日的辉煌，就可以明白这个道理。一个民族自身的盛衰兴亡决定这个民族的文化命运。任何国家处于分裂，民族处于危亡之际，文化不可能独自辉煌。正是因为中华民族的崛起，孔子才能周游列国，以中国传统文化为内核的国学才能兴起，儒学才能重放异彩。

只有从民族复兴是文化复兴前提的角度看，我们才能理解“五四”时期先进知识分子面对千年从未有之变故，为求民族之生存，把中国传统文化称为旧文化，而把自己追求的科学和民主称为新文化的合理性和必然性。传统文化的载体最主要的是儒家经典。反对“尊孔读经”是“五四”时期先进知识分子的普遍思潮。其实，他们都是具有最丰厚旧学修养、熟稔中国古籍的人。发端于 1915 年逐步酝酿而爆发的五四新文化运动之所以称新文化运动，如果脱离当时历史条件而只就文化自身来划分新旧界限，必然导致文化虚无主义。新文化运动的新，并非针对整个中国传统文化，而是在民族处于存亡之际，把矛头指向服务于封建制度的旧道德、旧的思想传统。五四新文化运动是一次倡导科学和民主的启蒙运动，在文化运动背后包含着追求民族复兴的期待。当然，五四运动留下一个负面影响，这就是把传统文化笼统称之为旧文化，而把民主和科学称为新文化，这种新旧文化二元对立的观念，堵塞了由传统文化向当代先进文化转化的可能性和途径。

中华民族文化如黄河长江，不可能抽刀断流简单区分为新与旧，而是民族精神中的源与流。中国传统文化是中国社会主义文化之源，是文化母体。没有源，河流必然干涸，必然断流。中国文化的特点是源远流长，具有持久性、不间断性和累积性。魏徵《谏太宗十思疏》曾讲到源与流的关系，说“欲流之远者，必浚其泉源”。“源不深而望流之远”“塞源而欲流长”根本不可能。当代中国文化同样存在“浚源”与“塞源”的问题，要“浚源”而不能“塞源”。这当然不是说，我们可以原封不动地保持中国传统文化。源是文化母体，流是文化的延续。文化是流动的水，它不会停止。可是它往哪个方向流，是与政治道路选择密不可分的。

中国传统文化在近代的流向有不同的主张：往回流、往东流、往西流、往前流。往回流，是辛亥革命后的复辟派，以及当代中国个别新儒家中主张“儒化社会主义”“儒化共产党”的思潮。这是往回流的复古思潮。往东流是中日甲午战争后，中国败给自己的学生日本而引发的留学东洋的热潮，但很快就为西流所取代。往西流是主张“全盘西化”。这种思潮是反对“中国文化优越”论的保守旧思想，其中包含向西方学习的某些合理主张，可“全盘西化”的政治道路是走不通的。在当代社会主义中国，“全盘西化”则是与中国特色社会主义道路逆向而行的思潮，其中不乏“西化”和“分化”的诱饵，是为在中国推行“颜色革命”从思想上铺路。可以说，往回流、往东流、往西流，都是中国传统文化的断流。只有继承和发扬中国传统优秀文化，吸取西方先进的优秀文化，建立社会主义先进文化，才能使中华民族文化滚滚前流。保持中国传统文化滚滚前流的机制，就是习近平总书记提出的以马克思主义为指导的创造性转化和创新性发展。

（六）可不可以“尊孔读经”

中国传统文化创造性转化中，有一个重要问题就是文化复兴与文化复古的界线问题。其中最尖锐最具争论性的问题，就是要不要尊孔读经，可不可以尊孔读经。按照历史唯物主义观点，没有抽象的真理，真理是具体的。为维护封建制度或复辟封建帝制的“尊孔读经”，无论是清末的中体西用还是袁世凯们提倡的“尊孔读经”，都是我们必须反对的。某些文化保守主义者提倡的以对抗马克思主义为目的、以抵制西方文明优秀成果为旨归的“尊孔读经”，也是我们不能赞同的。

在社会主义条件下，“尊孔读经”是另一种性质的问题。此一时，彼一时。“经”要不要读？这是毫无疑问的。“经”是中国传统文化的文本载体，要深入研究和理解传统文化，读经是必经之路。“孔”，要不要尊？孔子是中国伟大的思想家、教育家，是中国传统文化的整理者、继承者和创造者，理应受到尊敬。关键不在于是否“尊孔读经”，而在于为什么读，如何读；为什么尊，如何尊。创造性转化，是文化复兴和文化复古的界线。文化复兴立足点是今，是古为今用；文化复古的立足点是古，是今不如古。

只有创造性转化，才是正确处理马克思主义与中国传统文化关系的枢纽。而创造性转化的理论和方法论原则，就是坚持马克思主义的基本理论和方法论指导。我们不可能依然按照封建统治者的态度对待孔子和儒家学说。中国的变革，不是沿着原有的改朝换代方式向前发展，而是社会形态的变化。这种变化，不可能不改变孔子和儒学在封建社会原来的地位和功能。中国共产党人从中国历代帝王对孔子加封的那些“阔得吓人的头衔”中，既看到孔子在中华民族的地位，同时也看到历代统治者尊孔的政治意图。中国共产党人同样尊重孔子，但不是把它作为维护既定社会秩序的思想工具。中国共产党人是革命者，是改革者，是一切既得利益和等级制度的反对者。我们要真正恢复孔子作为中国伟大文化整理者、创造者、伟大思想家、伟大教育家的地位，还原一个在中华民族文化创建中具有至高无上地位的真实的孔子。对于儒家学说，我们也不是像历代封建王朝那样看重论证等级制度合理性、维护既定社会秩序的政治职能，而是吸取其中治国理政、道德教化的哲学智慧和人生伦理智慧，清洗它在中国传统文化中处于主导作用的浓重的政治性因素，重视它对中华民族特性塑造的文化功能，并与中国传统文化中博大精深的多种智慧相结合。

我们提倡中华民族的文化复兴，祭拜孔子，阅读经典，不是简单呼唤回归儒学，回归传统，更不是独尊儒术。祭孔，是国家大典，表示我们国家对中华民族伟大先圣孔子的尊敬，并非要在所有地方、所有学校普遍开展全民的祭孔运动；读经，深入研究经典是国学家的专业，也并不需要学校普遍开展全民读经活动。在中国传统文化的教育中，我们当然要注重经典的学习。但终究不是所有学生都是国学家或准备当国学家。在当代世界，我们应该引导学生的目光关注世界，关注世界形势和科学技术的新发展；关注现实，关注中国特色社会主义的建设。我们不能把学生的全部注意力和兴趣引向“古书”。专业研究是一回事，传统文化教育是另一回事。

传统文化教育更不能取代马克思主义教育。马克思主义教育完全能够与中国传统文化教育相结合，并行不悖，相得益彰。如果社会主义国家的青年学生不学习马克思主义，对什么是辩证唯物主义，什么是历史唯物主义，什么是资本主义，什么是社会主义，对马克思主义最基本的原理，如生产力和生产关系、经济基础和上层建筑等一点常识都没有，那么请问，他们拿什么去观察当代世界，观察当代社会，观察我们的国家呢？而且可以断言，不懂马克思主义基本理论和方法，对中国传统文化的精髓也很难把握。在中国传统文化教育中，应该区分学生文化程度和接受水平，有选择性地阅读“经典”，包括某些骈散名篇，诗词佳作。这有利于文化素质和道德水平的培养。但对没有分辨能力的青少年，要加强引导。我们不赞同不加区分地宣扬用《女儿经》去造就现代的淑女和闺秀，用《二十四孝》中的“埋儿得金”“卧冰求鲤”作为孝道的榜样，用《弟子规》把我们的孩子培养成“中规中矩”“低眉下目”没有创造性的小大人，更反对不问是非只讲温良恭俭让的绵羊性格。

中国传统文化是阴阳合一、刚柔相济的文化。当代世界并不平静，而是波涛汹涌，因此要有忧患意识。我们要重视培养青少年继承爱国主义传统，刚健有为，有血性、有刚性、有韧性。这是中华民族复兴伟大事业代代相续不会中断的保证。“加强爱国主义、集体主义、社会主义教育，引导我国人民树立和坚持正确的历史观、民族观、国家观、文化观，增强做中国人的骨气和底气。”习近平总书记这段话，应该是我们重视中国传统文化教育的根本目的。

不要抽象地争论马克思主义指导和中国传统文化的关系，尤其是非历史主义地争论马克思主义与儒学的高下优劣抑扬褒贬。二者一个是中国革命和社会主义建设的思想理论指导，一个是中华民族的精神血脉和中华民族的文化之根。我们应该用历史唯物主义观点处理马克思主义与中国传统文化的关系，反对蔑视以儒学为主导的中国传统文化的文化虚无主义，中国的马克思主义可以从中国传统文化的精髓中得到思想资源、智慧和启发，但也要防止以高扬传统文化为旗帜反对马克思主义、拒斥西方先进文化的保守主义思潮的沉渣泛起。

第三节 初中思想政治教学重点

一、思想政治教学重点知识的分类

（一）心理

（1）青春期的心理矛盾（正确认识青春期心理矛盾）。

（2）正确认识自己（正确认识自己就要做到用全面的、发展的眼光认识自己）。

（3）情绪（观点）（要学会调节和控制情绪）。

（4）挫折（客观分析和有效应对挫折和逆境）。

（5）孝敬父母（我们要孝敬父母，继承和弘扬中华民族孝亲敬长的优良传统）。

（6）逆反心理（正确认识逆反心理）。

（7）老师的表扬和批评（正确对待老师的表扬和批评）。

（8）竞争和合作（竞争与合作是统一的，是相互依存的）。

（9）集体利益和个人利益（正确认识个人利益和集体利益的关系，自觉维护集体的荣誉和利益）。

（10）学习压力（我们要正确对待学习压力）。

（11）考试焦虑（我们要正确对待考试焦虑）。

（二）道德

（1）尊重和自尊（自尊和尊重他人是获得尊重的前提）。

（2）自强不息（自强是一种民族精神，也是一种高尚的道德品质）。

（3）宽容（生活需要宽容，宽容是一种美德与境界；宽容是有原则的）。

（4）换位思考，与人为善（换位思考，与人为善的实质就是设身处地为他人着想，即想人所想、理解至上）。

（5）诚信（我们要培养诚信品质，提高道德修养）。

（6）公平（社会稳定、发展需要公平）。

（7）正义（社会发展需要正义）。

（8）选择（我们要学会选择，做出正确的选择）。

（9）责任（每个人都应该增强社会责任感，做一个对自己、对他人、对社会和国家负责的公民）。

（10）不良行为/防微杜渐（避免沾染不良习气，防患于未然）。

（三）法律

（1）不良诱惑（正确对待诱惑，学会拒绝不良诱惑）。

（2）自我保护/四大保护（青少年学生要具有自我保护意识和能力）。

（3）法制观念/法律意识（守法、用法、护法）。

（4）同违法犯罪行为做斗争（作为公民应积极同违法犯罪行为做斗争。

（5）依法维护权利（树立维权意识，用合理、合法的途径维护权利）。

（6）正确行使权利（正确行使权利，用合理合法的方式行使权利）。

（7）权利和义务的一致性（权利和义务具有一致性）。

（8）受教育的权利和义务（受教育既是公民的权利又是公

民的义务）。

（9）财产所有权，我们享有财产所有权（智力成果权）。

（10）建议权，监督权（参与政治生活，正确行使政治权利）。

（11）消费者权利（消费者享有许多权利，同时消费者也应该履行相应的义务）。

（12）依法治国/依法行政（我国积极实施依法治国/依法行政）。

（13）人身权利（公民的人身权利受法律保护）。

（四）国情

（1）社会主义初级阶段。

（2）社会主义的成就和优越性/三个代表。

（3）科教兴国/科技创新/优先发展教育。

（4）对外开放国策。

（5）可持续性发展/保护环境国策。

（6）民族精神/传统美德。

（7）精神文明建设。

（8）爱国主义/民族团结/国家安全。

（9）共同富裕/财富源泉/四个尊重。

（10）艰苦奋斗/艰苦创业。

二、中学政治学科课程标准的概念

我国的基础教育课程标准是国家对基础教育课程的基本规范和要求，准确理解和把握中学政治学科课程标准，对于搞好中学政治学科的教学设计，具有非常重要的意义。

（一）课程标准的概念

“标准”在《辞海》中释义为“衡量事物的准则”，引申为“榜样、规范”。《中国大百科全书（教育卷）》认为，课程标准是规定中小学的培养目标和教学内容的文件。顾明远主编的《教育大辞典》（第1卷）对课程标准的定义是：课程标准是确定一定学段的课程水平及课程结构的纲领性文件。……课程标准的结构一般包括课程标准总纲和各科课程标准两部分，前者是对一定学段的课程进行总体设计的纲领性文件，规定各级学校的课程标准、学科设置、各年级各学科每周的教学时数、课外活动的要求和时数以及团体活动的时数等；后者根据前者具体规定各科教学目标、教材纲要、教学要点、教学时数和编订教材的基本要求等。《基础教育课程改革纲要（试行）》指出，课程标准是教材编写、教学、评估和考试命题的依据，是国家管理和评价课程的基础，应体现国家对不同阶段的学生在知识与技能、过程与方法、情感态度与价值观等方面的基本要求，规定各门课程的性质、目标、内容框架，提出教学和评价的建议。对课程标准可以简要地理解标准、内容框架，提出教学和评价的建议。可见，课程标准可以简要地理解为是课程应该达到的程度和质量指标。

（二）中学政治学科课程标准

中学政治学科课程标准是规定中学政治学科课程的性质、目标、内容框架、实施和评价建议的指导性文件，是对学生在经过中学阶段学习该课程后应该达到的标准，是中学政治学科教育质量应达到的一般指标。

第一，从性质地位来看，中学政治学科课程标准是国家制定的中学政治学科课程的纲领性文件，是国家对中学政治学科课程的基本规范和质量要求。第二，从基本内容来看，中学政治学科课程标准规定了中学政治学科课程的性质、课程目标、课程内容、学习方式、实施建议等，使课程明确化和具有可操作性，从而用其指导、规范、评价、管理中学政治学科课程和教学活动。第三，从行为指向来看，中学政治学科课程标准体现国家对中学生在政治学科各方面所要达到的公民素质的基本要求，而不是教师教学行为的具体规定。第四，从功能作用来看，中学政治学科课程标准是中学政治学科教材编写、教学实施和教学评价的基本依据。

（三）国外几种课程标准的概念比较

《美国国家科学教育标准》认为，课程标准是量度教育质量的准绳，量度的是学生们所掌握知识和能力的质量、给学生提供学习科学机会的教育大纲的质量、科学教学的质量、支持着科学教师和科学大纲的教育系统的质量、评价的具体做法和政策的质量。课程标准的制定为所有的教育工作者提供了判断依据。课程标准有助于使教育的改革工作步调统一、目标一致、首尾如一进行下去，使每一个人都能向着同一方向前进。

《加拿大安大略省教学课程标准（1—9 年级）》提出，课程标准是为评估学生学习而设计的一般标准。该标准通过描述期望学生达到的省级标准，为所有学生建立了相称的目标。它们的根本目的是为了给教师、家长和学生提供对期望学生达到的结果的清晰的陈述。

1992 年在美国举行的亚太经济合作组织成员国（地区）教育部长会议提出，课程标准是对我们希望学生在校期间应掌握的特定的知识技能和态度的非常清晰明确的描述。课程标准描述了一个社会或一种教育体系规定学生在不同年级、不同学科领域应该获得的成绩、行为以及个人发展，以使学生为丰富完满的生活做好准备。

（四）课程标准与教学大纲的区别

1. 教学大纲

教学大纲是国家根据学科内容及其体系和教学计划的要求，规定各科的教学目的和教学内容的纲领性文件，它以纲要的形式规定了课程的教学目的、任务，知识、技能等教学内容的范围、深度与体系结构，教学进度和教学法的基本要求。有的教学大纲还包括参考书目和教具等提示。教学大纲的结构包括说明、本文和附录三个部分。大纲的说明部分阐述开设本门课程的意义、教学的目的任务和指导思想、教学内容选编的原则和依据，以及教学中困难复杂部分进行的分析和提出的建议。大纲的本文部分规定教学的基本内容，反映教学内容基本结构及主要的教学形式，它以学科的知识体系为基础，结合教学法的特点，按顺序排列该门课程教学内容的主题、分题和要点，一般以篇、章、节、目等，编制成严密的教学体系。在大纲本文部分规定教学内容的范围和分量、时间分配和教学进度，也在一定程度上反映课程学术观点、教学深度、重点和难点。附录部分通常是列举各种教学参考书和其他教学资料。

2. 课程标准与教学大纲的区别

课程标准和教学大纲都是教学行政部门颁布的关于课程和教学的纲领性文件，都是规范课程和教学的基本标准，但它们之间是有区别的。

（1）文件的框架结构不同。课程标准的框架结构大致包括前言、课程目标、内容标准、实施建议和附录五个部分；而教学大纲一般包括说明、本文和附录三个部分。

（2）设计思路的价值取向不同。课程标准以“为了每位学生发展”的课程理念为指导，重在学生的全面和谐发展，围绕提高学生的国民思想道德素质这一根本课程目标为中心，打破单纯强调学科自身的系统性、逻辑性的局限，尽可能解决学生学习和生活中的问题。而教学大纲更关注的是学科知识内容体系的完整性和系统性，强调对基础知识和基本方法的学习。

（3）制定目标的角度不同。课程标准着眼于对国民素质的要求，以促进学生全面发展为宗旨，确立了知识与技能、过程与方法、情感态度与价值观三位一体的课程目标。而教学大纲关注的是教师对学生在知识和技能方面的要求，对教学内容、教学顺序都做出了清晰的规定和安排。

（4）关注的内容重点不同。课程标准主要规定课程的基本理念、课程目标、课程内容、课程实施建议以及学生在某一领域具有的基本素养。而教学大纲注重的是基本教学目的，教学内容的范围、深度与体系结构，教学法，教学深度，重点和难点，教学进度和时间分配等方面的详尽规定。

（5）服务的对象不同。课程标准主要是服务于学生的学习，着眼于全体学生的发展。它制定的某一学段共同的、统一的基本要求，是学生通过学习应该而且能够达到的最低标准。教学大纲主要服务于教师的教学。它对教学工作做了十分详细、具体的规定，主要是便于直接指导教师的具体教学工作。

（6）实施的方式不同。课程标准关注的是学生通过相关课程的学习要达到的基本要求。它只是对课程目标、课程内容、教材编写和教学实施提出了有弹性和选择性的建议。教学大纲对教材编写体系、教学内容、教学过程顺序安排以及课时分配等提出了硬性的具体规定，缺乏弹性和选择性。

（7）评价的目的和方法不同。课程标准以促进学生的和谐发展为根本目的，提出有效的策略和具体评价手段，建议采取多种方式进行评价，激发学生的学习兴趣和自信心，发展学生的自我意识。而教学大纲的评价以掌握知识的多少为主要目的，以单一的考试作为唯一的评价方法。

3. 教学大纲的主要弊端

在当前中学政治学科教学设计和教学中，许多教师认为，以课程标准代替传统的教学大纲，这仅仅是一个简单词语的置换而已。教学大纲与课程标准相比较，至少有几个显著的弊端。

（1）教学大纲以掌握知识为主要教学目标。教学目标脱离学生生活和发展特点、脱离社会实际、忽视学生的情感态度价值观等方面的全面发展。

（2）教学大纲的教学内容要求过偏、过高，脱离学生生活和现实实际。

（3）教学大纲关注的只是课堂，忽视课程的其他环节，课程无法在学生的体验中实现，因而最终无法实现学生全面发展。

（4）教学大纲对教学工作规定得极为细致，束缚学生的学习积极性和教师的创造性，教师不敢在教学中解决学生实际生活的具体问题。

（5）教学大纲对教学内容有详细规定，统一编写的教材无法适应不同地区、不同发展水平的学生的学习。

三、中学政治学科课程标准的意义与特点

（一）中学政治学科课程标准的意义

1. 全面推进和落实素质教育有了可能

素质教育是我国基础教育的理想。多年来，尽管一些学校进

行了课程革新与教学创新，但是中学生的素质并未得到根本性的改变。实施素质教育是一个系统工程，如果没有课程标准这一关键环节，素质教育就会变成一句没有现实意义的空话。新课程改革高举素质教育大旗，课程标准就是素质教育在相应阶段的质量标准，它充分体现了素质教育的发展要求。

2. 中学政治学科教学有了明确的质量标准

随着社会的进步和社会主义市场经济的发展，人们对教育质量的要求越来越高，人才需求越来越多元。基础教育既要体现国家意志，又要满足学生发展的多元需要，从主要关注教学内容逐步走向更关注教育结果和过程。政治学科课程标准使学科教学有了明确的学生学习质量和发展质量标准，以及教材编写、教师教学、课程评价和课程管理方面的质量标准。

3. 中学政治学科的教学活动有了指导标准

课程标准所体现的素质教育思想为各科教学指明了发展方向。教师需要按照课程标准的要求来规范自己的教学行为，以实现国家的整体教育目的和发展要求。课程标准在课程任务、基本理念和总体目标的设计上力求适应当代社会的发展与学生学习能力的差别。力求适应 21 世纪知识经济时代的创新要求，面向全体学生，注重素质教育，强调关注学生的情感和兴趣，使学生在提高人文素养、增强实践能力、培养创新精神及合作意识的过程中，养成良好的学习习惯和形成有效的学习策略，学会自主学习。课程标准还对教学内容、教学目标、教学的实施等提出了明确的要求，教师需要用课程标准来指导自己树立新的教学观，确定清晰的教学目标，选择适宜的教学内容以及有效地组织与实施教学。

4. 中学政治学科教学评价有了全面的标准

课程标准不仅影响评价的理念，而且影响评价的方法，进而也影响着课程实施的方向与效果。课程评价包括两方面：一方面是指对课程实施过程的评价，评价的对象是课程本身；另一方面是指对课程实施结果的评价，评价的对象是学生的学习结果。这两种评价都要以课程标准为基础。课程标准普遍淡化了终结性评价和评价的筛选、评判功能，强化了过程评价和评价的教育发展功能，并呈现出多元化评价的趋势，如采用成长记录、测验与考试、集体评价等多种评价方法，促进学生品德修养、思维方式、健全人格、文化知识、创新意识和语言能力等方面的全面发展。

（二）中学政治学科课程标准的特点

我国中学政治学科课程标准与传统的教学大纲相比，有以下特点。

1. 为了每位学生的发展，以素质教育理念构建课程标准

中学政治学科课程标准力图在“课程目标”“内容标准”和“实施建议”等方面全面体现“知识与技能、过程与方法以及情感态度与价值观”三位一体的课程功能，从而使全面发展的素质教育落实到日常的教育和教学过程之中。新的课程标准完全改变了“识记”“理解”“运用”的梯级认知目标体系，以情感、态度、价值观目标为首要目标，兼顾能力目标、知识目标。虽然就一般而言，学生的品德和心理发展相应地也应该是以认知、情感、行为三者为主体的综合发展。但是，在这三者关系之中，认知是行为的导向而非主导，学生的发展更应注重情感与行为的协调发展。

2. 突破学科中心，以全新的形式呈现课程内容

现行中学政治学科课程标准关注学生的学习兴趣与经验，精

选学生终身学习必备的基础知识和技能，密切教学内容与学生生活以及现代社会、科技发展的联系，打破单纯地强调学科自身的系统性、逻辑性的局限，尽可能解决学生学习和生活中的问题，服务于学生的发展。政治学科的课程标准采用课程内容（或内容标准）和活动建议的形式来构架，这就给教学实施者发挥主动性和创造性以更大的空间。例如，初中思想品德课程内容由学习领域（道德、心理健康、法律和国情教育等）而至学习主题（如认识自我、自尊、自强、心中有法等）再至目标要素（如悦纳自己的生理变化、理解情绪的多样性、了解自我评价的重要性等），阐述学生在不同阶段应实现的具体学习目标，对于学生的学习结果，用尽可能清晰的、便于理解和可操作的行为动词从情感态度与价值观、能力、知识三方面进行描述。高中思想政治课要引导学生紧密结合与自己息息相关的经济生活、政治生活和文化生活，经历探究学习和社会实践的过程，领悟辩证唯物主义和历史唯物主义的基本观点和方法，提高学生认识、参与现代社会生活的能力，为学生终身发展奠定思想政治素质和道德素质基础。

3. 开发利用生活中的课程资源，为丰富教学内容提供更大空间

课程资源既包括学校内的教育资源，也包括学校外的各类社会机构和各种教育渠道所蕴含的多种教育资源。课程资源大量地存在于现实生活实践中。德育要回归生活，引导生活；生活是德育的起点，也是德育的归宿。道德存在于人的整个生活中，而人的思想品德又是通过对生活的认识和实践逐步形成的。因此，我们必须注重个体生活，发掘生活本身对学生品德形成具有的特殊价值。作为教学内容来开发利用的课程资源，要尊重、关注、反映初中生的现实生活，帮助学生处理生活中的各种关系，解决冲

突与矛盾；要结合学生不断扩展的生活领域，引导他们把个人的生活与社会的政治、经济、文化生活联系起来，学会过道德的、有意义的生活，为他们的未来生活做准备，为他们终身的幸福生活奠定基础。教师应坚持课程内容与现代社会和科技发展以及学生生活的联系，整合并优化课程资源，充分发挥各种课程资源的人文教育功能，丰富教学内容，弥补教材内容的局限性，使之为课程实施和教学服务。

4. 着眼于学生的自主学习，改善学生学习方式

本着“人的思想品德是通过对生活的认识和实践逐步形成的”这一理念，中学政治学科课程标准结合本学科的特点，强化了过程性、体验性目标，引导学生主动参与、亲身实践、独立思考、合作探究，改变单一的记忆、接受、模仿的被动学习方式，发展学生搜集和处理信息的能力、获取新知识的能力、分析和解决问题的能力，以及交流与合作的能力，从而实现学生学习方式的变革。课程标准强调，教学“要面向丰富多彩的社会生活，开发和利用学生已有的生活经验，选取学生关注的话题，围绕学生在生活实际中存在的问题，帮助学生理解和掌握社会生活的要求和规范，提高社会适应能力”，同时，要坚持以学生发展为本，引导学生自主学习；在尊重学生个性和独特发展需要的基础上，着眼于每个学生的全面发展，不断开发学生学习的潜能，帮助他们形成终身学习的愿望和能力。在教学设计中，要培养学生创新思维，鼓励大胆合理的想象，提倡探索精神，适时地提出一些目标比较明确的、富有挑战性的问题，通过讨论、调查、查阅资料、访谈等活动，引导学生自主学习，完成学习任务。

5. 提出实施建议，为课程实施提供了广阔空间

课程标准重视对某一学段学生所应达到的基本标准的刻画，同时对实施过程提出了建议性的意见，而不做硬性规定。在新课程理念下，教材不再是唯一的课程资源和学习资源，从而为教材的多样性和教师教学的创造性提供了广阔的空间，为体现并满足学生发展的差异性创造了比较好的环境。比如，高中思想政治课程标准指出，注意学科知识与生活主题相结合。要恰当运用哲学、经济学、政治学、法学等学科的基本概念和方法，努力把基本观点、原理融入生活题材之中；结合应用性常识，围绕学生关注的社会生活问题组织教学，全面落实课程目标。再比如，初中思想品德课程标准在教学建议中，强调思想品德课程的综合性质，教师在教学中积极引导学生联系生活和思想实际，综合应用知识解疑释惑，在解决问题中激发自主学习的愿望与能力，通过活动增长经验和亲身体验，增强在日常生活中处理道德价值观、人生观方面问题的能力，通过道德学习改变自己在现实生活中的情感、态度、价值观。

6. 评价具有更强的操作性，体现评价促进学生发展的教育功能

中学政治学科课程标准力图结合本学科的特点提出有效的评价策略和具体的评价手段，引导学校的日常评价活动更多地指向学生的学习过程，从而促进学生的和谐发展。课程标准中建议采取多种方式、方法进行评价。例如，评价“要客观记录和描述学生的学习状况和思想品德状况及发展需要，调动学生学习的积极性，增强学生的自信心和进取意识”。对学生学习评价的方法有观察、描述性评价、项目评价、谈话、测验与考试、答辩、作业（长周期作业和短周期作业）、集体评议、成长记录与分析等，特别

值得一提的是，其中“成长记录与分析”提倡学生不断反思并记录自己的学习历程：最好的作业、最满意的作品、最感兴趣的一本课外书、最难忘的一次讨论，通过记录并反思学生的成长历程，激发学生的学习兴趣和自信心，发展学生的自我意识，为全面而客观地评价学生积累素材。

第四节　传统文化价值在思想政治教学中的传承

明确提出有效教学的概念是在20世纪上半叶，但有效教学思想始终伴随着教学而存在。反观有效教学研究与实践，我们不得不立足于哲学、社会学和心理学的领域，对有效教学自身的合理性和理论基础进行追问，追问为的是对有效教学有一个完整准确的把握，更是想从中寻求教学的终极关怀目标。根据前述我们可知，学校思想政治课有效教学的重要表征之一就是将学生置于教学的中心，充分尊重其主体地位，在学生的主动参与中实现知识、能力、情感的三维目标，换句话说就是在教学过程中凸显对学生自我价值的充分尊重。而这实际和传统儒家道德教育回归主体自身，注重对人的价值关怀思想如出一辙。

一、传统儒家人学体系及其对思想政治课有效教学能提供的借鉴

纵观整个儒学发展史，其中分久必合的曲折经历不乏对人性的压制，但最终当儒学趋于一尊地位时，依然回到了对主体自身

价值理性的尊重。在伦理道德修养的目标之下，他们更关注行动、实践和经验，主张回归生活。这种对人自身的终极关怀思想为我们今天以学生为中心建构有效教学模式提供了有益的理论借鉴。

（一）先秦时期思想家以人为贵的主张

在先秦以前原始宗教盛行，“天”以无比的权威笼罩着万物生灵。那时天与人与万物浑然一体。而在这一体中，天命神权代表着一切，人们对“天”只有敬畏和恐惧，毫无自我意识。从先秦开始，对人自身价值的反省，便构成儒家人学体系的逻辑起点。这种反省一开始就关联着天人关系，包括了人在宇宙中的地位，蕴含着对人的终极关怀。

从先秦开始，一些有识之士开始对天神的权威表示怀疑，把目光从对天的关注转向对人的关注，认为人是万物的主宰，具有终极的价值和意义。早在2000多年前春秋时期，郑国大夫子产就指出：“天道远，人道弥，非所及也。”此思想虽极其简单朴素，但也表明子产对人的作用和价值充分重视和肯定，成为对主体精神的最早追问与呼唤。之后，孔子指出“人能弘道，非道弘人”。他不是从天神那里寻求神道，而是从人自身寻求人道，这种人道实质是个体创造性的生命精神。只要充分肯定个体内在的道德理性，人就能尽其可能地挖掘自身的禀赋与潜能，赞天地之化育，实现人与天、地鼎足而立的境界。孔子虽然提出人道，但又有很多束缚主体言行的限制理论，而且在他的人学体系中，产生一种新的绝对控制，那就是“克己复礼”。孔子的“克己复礼”人性论成为几千年封建社会束缚个性自由的伦理依据。与此不同，荀子重天人之分，主张涂之人可以为禹，肯定人有价值自觉的主体能动，其“制天命而用之”的思想更是把主体的能动意识推向新阶段，充分体现着宇宙生命的精神，在宇宙中打上主体道德的烙印。天地万物何以人为贵？荀子显然认为是因为人有道德礼仪。

孔子和荀子虽然对人之为人的自我意识有了初步的探索，但也仅限于初探，并未在理论上深入展开，而亚圣孟子却当此重任，高扬了个体人格的独立自主，他从多层次、多侧面探讨了个体在物质生活、精神生活过程中的情感和意志。怎样才能使人自觉接受伦理纲常、道德理性，孟子将其理论基石放在了人道。换句话说，在对待人本身的道德理想问题上，人的主体意志成了价值世界终极关怀的对象。这分别体现在以下几个方面。

首先，孟子提出“人与天地参”“万物皆备于我，反身而成，乐莫大焉”的浩然正气。“万物皆备于我”反映了孟子所言主体自我的“心”与性、天、命的关系。据孟子所说，“善”是人本身就有的天性，他说“恻隐之心”“羞恶之心”“辞让之心”“是非之心”是人所固有，不是后天习得，它们是人之所“不学而能、不虑而知”的，是“赤子之心”具备的“良知良能”。他说：“尽其心者，知其性也，知其性则知天矣。存其心，养其性，所以事天也。夭寿不二，修身以俟之，所以立命也。”这就将性、天、命紧密收束在主体之心中。人人只要推阐那天赋的良知良能，尽了自己作为人的本性，就圆满地实现了“天”所给予生命的意义，也就达到了人生的终极境界。

其次，孟子为了使得封建伦理秩序深入主体人心深处，极力追求尽心、知性、知天的精神境界。为了实现这一崇高的精神追求，他提出了一整套对心的存养方法。他指出“心之官则思，思则得之，不思则不得”。他认为人的道德行为的根源，就存在于人心，心是“天之所予我者”，“人之异于禽兽者几希”。这就像西田几多郎所说的那样，“人要在培育与发扬人性中达到人生的圆满”。孟子要求每个人用自己的理智“求其放心”“不失本心”，充分发挥“心官”即主体之心的思维作用，认识社会发展的必然趋势，认为这样就能安国而平天下，正如他所说：“天下之本在国，国之本在家，家之本在身。”他认为，作为人的自我实现，不在于他拥有多少财富，获得多少成功，而在于他是否尽了“心”，如果尽了心，就理解了自己的本性，也就上承了天命，下承了人格。刘述先先生认为，“孟子所谓‘尽心知性知天’，是在天人之间获致一种普遍和谐，超越与内在之间两下打成一片，所谓‘天’早已失去人格神的意味，人必须要体现自己内在生命的仁心与创造性，实现主体生命的意义，方可安心立命”。此外，孟子在其认识论中还主张“自反诸己”。他将自我反省、自我体认的道德修养方法凸显为道德实现的首要途径。他说：“爱人不亲，反其任；治人不治，反其智；礼人不答，反其敬；行有不得者，皆反求诸己，其身正而天下归之。”这实质是指主体对自我意识的反省。他试图通过持续不断的道德修养，达到人格完善，“舜何人也，予何人也，有为者亦若是”。在此，孟子将认识的起点和终点都放在了自我“本心”上，认为认识自我、实现自我、超越自我，便能实现“天人合一”的圣人境界，“反身而思之”，便能穷尽天地万物的道理，达到“万物皆备于我”。显然，这种主体浩然之气是试图通过内心的力量，产生激励人们一往无前的巨大精神动力，进入知性、知天的精神境界，表现出与天地协调的特征，达到对封建伦理秩序的自觉遵守。

由上可知，先秦儒学所讲的天道、人道，都是将创造性的生命精神贯注于天人合一之间，人以其主动的道德精神体察宇宙间一切存在的价值，人人都有自我主宰的道德正义，通过实际行动实现人生终极价值。然而，尽管孔孟充分张扬人的主体能动性，剔除了天命的神秘形式，但在正统儒学中，天命仍然被界定为一种超验的力量，因而主体性仍受到压制，而这种压制则在汉代董仲舒“天人感应”学说笼罩下表现得更彻底。但历史的演绎就是如此错综复杂，当一种思想到了弊端极限时，新的思潮便会由此冲破牢笼获得生存之地。汉代的神权束缚使人们在狭缝中呼吸，文人志士们欲冲破名教的压抑，充分地挖掘人的主体精神，注重个体人格的发展，这一思维路径在宋明时期进一步凸显。

（二）宋明时期儒家思想对主体道德理性的张扬

宋明时期，占据官方意识形态的程朱理学为树立人之为人的终极根据，进一步提出道德形上本体“天理”，在一定程度上为天人合一找到了可靠凭据，防止了人的非自因的沉沦。朱熹主张通过格物致知即物穷理的方法来达到心与理的贯通，使人心复归于道德理性、封建伦理。作为理学的分支，陆王心学一派更是极力挺立个体自身的道德本性，以良知作主宰，以超越的精神“为天地立心，为生民立命，为往圣继绝学，为万世开太平”。

在陆九渊看来，朱熹格物致知的方式过于枝蔓，只见树木不见森林，无法促使人们在心灵中自觉地领会天理的终极意义，反而会有所阻碍。因而他一反程朱向外寻理的思维路数，主张在净化心灵田地的基础上，皆备万物道理，然后扩大和充实心智能量，以致在无穷的宇宙内“此心至灵”“此理至明”。

由于“我”是依从于天理的，天理又是至上的，因而“我”也就至高无上。陆九渊主张天地之间人作主宰，他认为人之所以独为天下贵，就在于能够通过理性的认识而超越自然，达到人与宇宙的统一和谐。显然这是对天人关系做了新的定位，从新的视角呼唤着人的主体价值。在陆九渊“吾心即宇宙，心即理”的背后经历了从纯粹天理向人之天理的转化过程。在其后生阳明处，“我看此花时此花即在”也同样是将“自在之物”化成“为我之物”。客观天理虽然神圣不可侵犯，但“我”作为道德主体可以在实践过程中修行自身德行，并利用必然之理来实现主体的意愿。他们以为人降生到世界，总是包含着各种自然的潜能或禀赋，如眼有视的功能，耳有听的功能，这种自然潜能唯有经过人的后天习得才能形成人的现实能力，从而顺应天理达到天人合一。这种认识天理方式确认了人在塑造自我中的能动作用，并相应地摒弃了对人性的宿命理解，在更广的历史视野上展示了主体的创造能力。

（三）儒家人学理论的现代教育价值

综上所述，从孔孟到陆王一系儒学思想家在各个领域空前地突出了主体人格的力量，在更深层的意义上发掘了主体自我发展及实践活动的内在作用。抛开其以规范压制，以伦理杀人的负面效应不论，传统儒家以自我节制、发奋立志的途径来建立主体的意志结构，以道德自律来树立人之为人的价值主动性和创造性，这对于当前高校思想政治课有效教学强调以生为本，注重学生价值、情感与知识目标系统整合的思想是有着一定借鉴意义的。

当前，我国高校正面临着一场德育危机，受多元价值观的影响，学生的道德观念、价值理想更加注重个性化。但是作为德育教育的主渠道，学校思想政治课仍然固守成规，教师往往禁锢于守旧的教学理念，缺乏创新意识。教师仅仅认真准备教材内容，忽略了学生在教学过程中的体验和感受，忽略了教学内容与学生生活的联系。教师关注的只是学科知识本身的输出与输入，忽略了学生分析解决问题能力的培养。课堂教学往往注重的是培养学生对知识和技能的掌握，很少引导学生思考人生的意义、生命的价值以及人之为人的尊严所在。这样的教学使学生处于一种被动的状态，个性发展受到压制，缺少学习的主动性，从而缺乏创造性与进取精神。课堂教学效果不理想，在这里需要指出的是，有效教学并非是单一的效果、效率，而是一种综合的教育因素合力。我们通过对有效教学概念的重新梳理，认为有效教学是师生遵循教学活动的客观规律，以最优的速度、效益和效率促进学生在知识与技能、过程与方法、情感态度和价值观“三维目标”上获得整合、协调、可持续的进步和发展，从而有效地实现预期的教学目标，满足社会和个人的教育价值需求而组织实施的教学活动，其核心则是学生的有效学习行为与过程。“然而在现有的有效教学的尝试中，我们不难发现，部分教师常常把学生的学习兴趣、情绪、信心等问题搁置起来，剩下的只有效率、效果。其实，事实已经不止一次地给我们以警醒：不关注、不激发学生情感，不顾及、不调动学生兴趣的教学绝对是低效的甚至是无效的。”

从前面对儒家仁学思想体系的回顾中，我们看到其主流思想无一不是在强调人在宇宙中的主体作用，以及道德主体在道德内化过程中的能动性。王阳明所言“我看此花时，此花即在”虽然过分夸大了主体力量，但他却真实地表明：在认知过程中，认识者的主体地位和重要性不容忽视。因而在教育的所有环节里，如果没有学生主动参与的学习活动，教育者所做的一切便微乎其微，教育存在的价值也荡然无存。教育的最终目的不是传授已有的东西，而是要把人的创造力诱导出来，将生命感、价值感唤醒。

思想政治课有效教学要以人为本，抓住人的内心最基本的需要，实施教育策略，帮助学生实现自我满足。

二、思想政治课有效教学的哲学启示

（一）确立真正平等的师生关系是实现有效教学的基本前提

中国传统的师生关系经历了从不协调到走向协调的漫长历程。《管子·弟子职》篇强调“先生施教，弟子是则”，也就是教师是绝对的权威，在先生面前，弟子须得“小心翼翼”“中心必式”，它过分强调了师道尊严。而韩愈则认为师生关系是相对的，只要学生努力学习，不断提高，在某些方面也会超过老师。他在《师说》中就建立合理的师生关系提出了自己的见解：“弟子不必不如师，师不必贤于弟子，闻道有先后，术业有专攻。”也就是说，师生关系应该是在道和业面前的平等关系，它们在一定条件下可以相互转化，强调教师要尊重学生，向学生学习，这是对维护教师绝对权威的封建师道尊严理论的一种否定。

结合我们当前的思想政治课教学，教学内容的严肃性和刚性需求与时代大环境发生了矛盾，学生对教师的接受度受到一定程度的影响。如果教师继续保持高高在上的权威姿态，将会使教学效果大打折扣，更谈不上有效教学。阴阳哲学的和合关系告诉我们，对立统一的双方最终是通过相生相克、相互交融从而走向和谐共生。因此在高校思想政治课教学中，教师与学生的关系应该由居高临下向平等交融转变，而不是一味强调师道尊严，使课堂成为教师唱独角戏的舞台，而应该建立主导性与主体性相结合的新型师生关系。

在教学中，学生的认识不是孤立进行的，而是由教师领导进行的。凡是学生，就必然同时有教师，他的学习或者认识都是与教师的教导不可分割地联系在一起的。“教育者是整个课程实施过程的发动力量，是课程的设计者、组织者、实施者，教育者处于领导、控制和执教的地位；而受教育者是一种受发动力量，是课程的授受者、学习者、参与者，在整个课程实施过程中处于一种被领导、被受控制和受教的地位。”总之，教学认识的方向、认识的途径、认识的结果和质量等都主要取决于教师并由教师负责。

人是有血有肉的、活生生的人，人有情感，有需要，有自己的兴趣和独特的个性。在价值观教育中，人对道德价值认知的主体性表现为人主动地追求道德境界的提升，进而形成动态的、不断进取的主体性道德人格，而不是被动地做出道德的言行。过去，我们的教育者单纯地认为，学生是幼稚的，是被动的有“可塑性”的自然人。于是，单调乏味的道德理论说教、形式主义的价值灌输活动，极大地抑制了学生的主体性的发展，从而使得教学陷入低效甚至无效。当然，主体性原则并不是简单迎合接受主体的价值倾向，而是要在研究接受主体需要、动机等的基础上，引导、帮助学生树立正确的价值理想，使教师的教育目标与主体的道德需要相吻合，在充分研究的基础上寻找最大的契合点。既要注重教育者的主导作用，又要充分调动受教育者自我教育的积极性、主动性，把主导性与主体性结合起来，这对教师提出了严峻的要求，教学认识必须是教师引导学生进行的认识。即必须将学生的认识领向正确方向而不发生曲折，不走入迷途。因此，教师真正给予学生平等的地位，真正给予学生尊重，对学生情感态度价值观的养成将终身受益，更是实现有效教学的基本前提。

（二）师生同体是实现有效教学的关键环节

《吕氏春秋·诬徒》篇语：“善教者视徒如己。反己以教，则得教之情也。所加于人，必可行于己。若此则师徒同体。”如果教师能回应学生知识和情感的具体需求，师生走进彼此心门，不仅能够保证教学的有效性，而且能够实现其高效性。日常教学中，我们常常可以见到师生异体的现象：教师完全凭自己的判断按部就班地授课，只见教师眉飞色舞、口若悬河；学生则面无表情，呆坐讲台之下，完全似旁观者、群众演员。究其原因，是因为师生关系的疏离，造成学生的心理失落感。师生之间成为简单的话语对立关系，教师的权威让学生退避三尺。培养融洽的师生关系是营造和谐教学气氛的重要前提，学生常常因为尊敬他们喜爱的教师而有意识地增强学习责任心和兴趣。但是多数教师在具体的教学实践中，忽视了与学生的互动，缺乏与学生的沟通和交流，缺乏人文关怀，师生没有共同的学习目标，教师未能创设共同学习的情境。若此，师生之间实际是在进行无意义的交往，势必会影响教学效果，此之谓无效教学。

面对纷繁复杂的价值观冲突，我们应该反思和追问，教育的本质是什么？教育的本质是爱，爱是教育的前提。如果教师不是抱着真诚的态度，向学生敞开自己的心灵，用爱去呵护学生，而是用教育者的权威来阻断师生之间的交流，就会使学生对教育者所讲授的内容不屑一顾，甚而产生怀疑。

因此，教师要触及学生的心灵，触及学生的情感领域，向学生的心灵回归，回归学生的道德智慧本性，形成学生难以忘怀的情感经历，从而彰显学生的向善之心，提升其价值选择的能力。具体而言，可以采取价值商谈模式进行沟通。

（三）教学互动是实现有效教学的最佳途径

教师在教学过程中应与学生积极互动、共同发展。教学活动由单向信息传递向多向信息交流转变，是实现有效教学的最佳途径。

时下，电子计算机的普及和大众传媒的广泛影响，使学生们能够从家庭和学校之外获得大量的知识和信息，从而在与教师和长辈的交流中获得了“话语权利”。目前不少学生提出来的问题超出自己的知识范围。面对这一现实，教师在加快自身专业发展的同时，应充分挖掘学生的信息储备、技术特长及其特有的观察视角，运用一定的教学策略，促成师和生、教和学互动，优化教学资源，实现课堂教学的最高效率。

教师的重要作用就是围绕教学目标，创设学习情境，实现生生、师生之间的多向互动，以彼此的需求为导向和动力，互相吸引互相推动，形成师生良性互动，不断丰富教学资源，提高教学质量，在师生快乐体验的自我实现中实现课堂文化的无限生成，使教学效度达到最优化。

三、中庸思想及其对思想政治课有效教学所提供的理论借鉴

（一）中庸的内涵

“中庸”思想最早由孔丘提出，孔丘是我国历史上伟大的思想家、教育家，他以“仁”为最高的道德原则，以中庸为行为准则。孔子提出了“扣其两端”“执两用中”“过犹不及”“择乎中庸”，适度权变而“时中”的命题。“中”是“不偏不倚”，中庸不是调和主义，也不是折中主义，而是必须把握好“度”和“权”，真正做到“无过不及”，恰到好处。

在方法论层面，它是含有辩证思想的方法论。孔子认为任何事物都有矛盾对立的两个极端，执其一端行事，往往失诸片面，只有从两端求“中”，方能做出优化的选择。要全面地来看待事物，

抓住事物的两个方面，才有可能找出解决问题的方法，片面行事是不能解决问题的。然而这个“中”如何界定，如何把握？“过”与“不及”是人的思想行为的两端，“过”与“不及”都超出了保持“中”的量的界限，都偏离了“中”，也可解释为两种错误倾向，因而都应该注意防止和避免，只有“无过无不及”才合乎中庸。因为“过”与“不及”往往表现在量的范畴。量的过与不及都会引起质的恶变。因此“无过无不及”的“临界状态”才是“中”的确切位置，即孔子倡导的凡事应有“度”。孔子还将原则性与灵活性结合起来，主张用审时度势的权变方法执中。他认为中庸的标准并不是一成不变的，而是灵活多变的，要权衡轻重缓急和利弊得失，因时因地因事而灵活处理，并能与时偕行，不断求得思想政治课有效教学的理论基础至当，即要灵活把握事物的度，这就给中庸思想注入了鲜活而灵动的辩证思维。

（二）中庸的执中思想与为师之道

从方法论着手，我们用“中庸”思想反思我们的教育实践，可以看到教育现象中有诸多“两端”，教育实践中存在着大量“过”与“不及”的行为，尤其是在师生关系的处理上，存在着偏执一端的现象。教育过程中最重要、最基本、最典型的关系是师生关系，这一关系贯穿教育过程的始终，是教育过程中经常性而又非常活跃的人际关系。良好的师生关系是向学生进行全面发展教育、提高教育教学质量的前提。因此有必要借鉴儒家的“中庸”思想，正确把握和处理教育中的“过犹不及”，以达于“中”。

中庸之道从“性”“道”两方面强调尊重人性，加强教化；强调从“戒慎”“恐惧”“隐”“显”“慎独”等方面培养自身的品德，促成中和，使万物的发展生生不息。子思曰：“天命之谓性，率性之谓道，修道之谓教。道也者，不可须臾离也，不可非道也。”又曰：“中也者，天下之大本也。和也者，天下之大道也。致中和，天地位焉，万物育焉。”孔子在此强调的对人性的尊重其实正是强调以人为本、以和为贵。“以和为贵”的真正内涵是要求每个人不断提高自己的道德修养，为人处世都要以达到中庸的境界，从自我提高入手来改进与人交往的氛围，这也是一种对个人德行修养的鞭策。教学中，这种“和为贵”的思想值得借鉴。

运用到为师之道，即强调从整体观出发，谋求教师自身、教师与学生之间的和谐共处，营造一种和谐、轻松的教学氛围。每个教育者都希望创建一个和谐的师生关系，但如何创建却总是难以把握。这里中庸思想恰好为我们提供了一个理想的工具。“过”与“不及”是“中庸”的两端。教师渊博的知识和高尚人格魅力会产生一定的权威，但权威又是相对的，如果教师在运用过程中对权威使用不当，不但不会产生应有的教学效果，甚至会走向“权力主义”或“娇惯、溺爱”学生的反面。在教师权威的应用中对其度的把握是关乎教师权威真正效用的所在。从中庸的观点看，教师权威就是要做到无“过”、无“不及”。如果教师长期将权威当作权力压抑、控制学生，那么在长期的权力压抑下，学生便形成了无言服从与机械接受的定式。久而久之，学生的学习热情、学习兴趣、创新意识、创新能力等将会被机械而麻木、唯命是从的奴性思想代替。教育者在处理与学生之间的问题时，思虑求中、审事求中，必须用中庸思想分析和把握课堂教学的动态平衡，从而实现课堂教学的和谐统一。

教师在教育学生时，不可一味纵容，也不可一味地严厉，而应允执其中。“己所不欲，勿施于人”，教师在教学中要不断提高自己，尊重差异，以平等的眼光来看待每一个学生。对学生采取民主、尊重、理解的态度，激发学生的主观能动性，加强教师的主导作用，确立学生主体的观念，在具体实施过程中时刻牢记“以人为本”。在教学中，教师无须居高临下，学生也没必要唯命是从，而应采取“对话模式”，教师与学生之间的“教”与“学”要构建一个良性的反馈机制，通过沟通来促进教学。

（三）执两用中思想与教学双方的相得益彰

教师与学生是教育得以构成的两个必需因素，可是这两个因素单方面地强化不足或强化过度，即“过犹不及”，教育就失去了平衡、和谐。目前，形成了两种典型而对立的看法和认识，即“教师中心”和“学生中心”。主张“教师中心”的基本话语有：教师是一定社会教育目的的实现者，因此教师是教育活动的主宰，学生对教师必须保持一种被动状态。主张“学生中心”的基本话语有：反对以教师为中心，主张发展学生的个性；教师在教学中不再起主导作用，而是起一种从旁协助活动的助手作用，学生按自己的兴趣和需要来学习，教师是学生学习的向导，向学生提供建议。

这两种教学观点都过于偏执。事实上，在学校这个小社会中任何活动的进行都离不开教师和学生的参与。教师是学生学习和成长的促进者、引导者。学生在教师的引导下进行知识与道德的学习。离开了教师的教，“学”的活动将没有正确的导向；离开了学生的学，教学成为一句空话，教学活动将无法取得应有的效果。因此，合理的教师权威是学校教育稳定有序进行的前提。师生关系要保持均衡、和谐、协调，不能厚此薄彼，而要达于“中庸”。

我们所倡导的教师权威的中庸之道，其实质上就是指“去其过，舍其不及”而构建适度的教师权威。这种教师权威必须遵循不偏不倚、无过无不及的原则，既充分发挥教师的主导性作用，也重视学生的主体作用，注重学生主体地位和教师主导作用的平衡。

（1）现代教学已不再以教会学生掌握现成的知识为目标，而是要教会学生学习知识、探索知识的技能。教师要从观念上彻底转变过来，平等地看待学生，尊重学生，把课堂变成学生发挥其创造性的舞台。要让学生自己探究知识，把课堂还给学生，鼓励并引导学生主动学习。“博学之，审问之，慎思之，明辨之，笃行之”，这是《中庸》里对学习过程的一种详细、科学的描述。它主张学生在学习过程中要博览群书，博采众家之长；要多问，多思考，勤思才能明真谛。以往教学论中论述教学方法时，总是停留在教师教的层面上，而忽视学生的学。不可否认，教学本身是由教与学共同组成的，包括教师的教与学和学生的教与学，是一个复杂的、多层次的系统。教学中应该解放学生，不能让他们只是一味地接受知识，还要学会探究知识，提倡研究性学习。

（2）教师系统梳理以及知识的引导。在学生探究学习的过程中，由于学生还未形成系统思维等因素的影响，他们探究到的或是自我发现的知识往往是以点的形式存在，而如果没有教师系统性的梳理，学生得到的知识很可能是零散的、个别的、不成体系的。这就需要教师积极地寻求系统知识和学生创造性思维开发中的某种联系，把学生的思维引导到思考知识的系统性和完整性上，设计合理的提问，让学生自己主动地进行知识的梳理和规整，做到知识学习和思维开发两不误。教师权威是保证学生以及他们的思想、行为等从无序走向高效有序运行的必要手段。面对这个信息飞速发展、知识来源多渠道化的社会，教师必须具有更为广博的知识，才能为学生提供不同的学习与思维判断角度，使学生准确而快捷地掌握学习方法。教师要以科学的教学方法作为指导，精心设计教学，从简单的传授知识到研究教学，在实践的基础上不断总结和改进自己的教学方法。

通过以上对传统道德哲学的为学体系可知，教育是发生在主体与主体之间而非主体对客体的实践活动。每个学生作为一个有生命的个体，并不能如同物般成为教师改造的对象。教师作为交往中的一方是有权威的影响者，但更应该作为一个平等的对话者，教师与学生之间的关系应是一种主体与主体之间的“双向理解”的交往关系，师生之间进行的是人与人之间的精神沟通与交流。

四、政治教学中与传统文化结合的重要性

在“快餐文化”日益泛滥的今天，以及“韩流”“日流”“过洋节”和“跨国界追星”在我国未成年人群体中越来越流行。面对伴随着外国大片、卡通动漫、网络视频等一起扑面而来的高强度的外来文化冲击，本民族文化根基薄弱、生活阅历浅和鉴别能力弱的未成年人极易迷失文化方向，从而丧失文化自信，成为文化缺失的一代。现代社会的快节奏，追求高效率，对功利性心理的盲目崇尚，让“快餐文化”大行其道；迅捷便利的文化交流渠道，让各种外国文化蜂拥而至。这其中各种糟粕与精华共存，要想明辨其中是非，成年人也是模棱两可，更何况生活阅历浅和鉴别能力弱的未成年人。长此以往，未成年人极易迷失文化方向，从而丧失文化自信，成为文化缺失的一代。

为了弘扬中华民族优秀的传统文化，培养文化传人成为学校教育面临的重大难题，也是我们每一个教育工作者应尽的责任。

第四章 传统文化与思想政治教学相结合

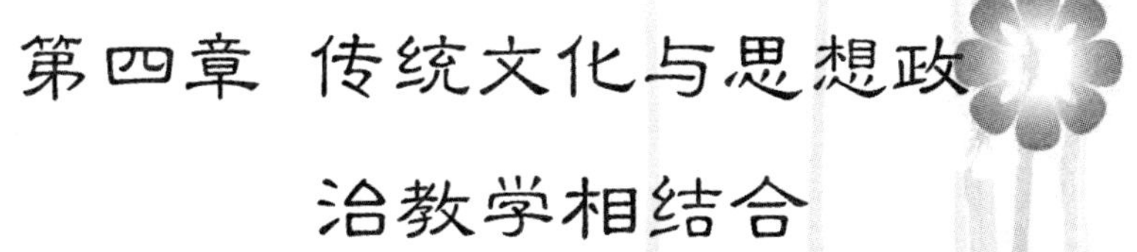

第一节　将传统文化纳入思想政治教学

一、将中国传统文化纳入思想政治教育范畴

由于照搬“苏联模式”，新中国成立以后我国在思想政治教育实践中一直偏重于意识形态教育，只强调马克思主义哲学世界观的教育，而排除中国传统文化的教育，思想政治教育的文化功能被排除出去。由于缺乏厚重的文化资源的支撑，我国的思想政治教育变得教条僵化、空洞枯燥、难以服众，陷入一种尴尬局面。目前，这种局面虽然有所改观，但仍未彻底改变。因此，我们有必要重新审视思想政治教育的文化功能，基于对思想政治教育文化环境的考量，要彻底改变我国思想政治教育的这种尴尬状态，促进思想政治教育的创新发展，必须将中国传统文化作为思想政治教育重要的资源来源之一，纳入思想政治教育范畴。

二、在全社会营造良好的中国传统文化氛围

历史经验告诉我们，任何民族在任何时代发展文化，必须重视弘扬本民族的传统文化，一个国家或民族如果离开了本民族的传统文化，就会丢掉文化之根、文化之魂，失去发展的方向。党的十九大报告也明确提出“要深入挖掘中华优秀传统文化蕴含的思想观念、人文精神、道德规范，结合时代要求继承创新，让中华文化展现出永久魅力和时代风采。”社会文化环境通过融合在人们周围的各种教育因素，间接地潜移默化地影响人的思想面貌

和价值取向，影响思想政治教育的内容和方式；同时，思想政治教育也需要社会大环境的支持和帮助，只有整个社会认同重视中国传统文化，才有中国传统文化与思想政治教育相融合的土壤和基础。以高度的文化自觉和自信营造全社会重视传统文化、发展传统文化的良好氛围是时代的呼唤，也是全社会的责任和义务。人们应该吸取历史的经验教训，客观地认识中国传统文化，批判地继承中国传统文化中的优秀部分，为中国传统文化与思想政治教育的融合营造良好社会氛围。

具体来说，作为中国传统文化教育的领导者和推动者，国家要在思想上高度重视中国传统文化教育在全社会的推广工作，要重视对中国传统文化资源的挖掘和运用，在全社会开展丰富多样的中国传统文化活动，并配合以相应的制度建设，通过起草出台加强传统文化教育的文件，从领导体制、规章制度、经费投入等方面提供制度保障，确保中国传统文化教育活动能够在全社会持续稳定地开展下去。如可以通过加强对我国非物质文化遗产的保护和宣传，完善法规、制度措施，强化全民保护意识，培养弘扬传统文化的社会风气和良好习惯；可以通过拓展传统文化的舆论空间，在学校、工厂、码头、车站等公共场所粘贴图片、宣传画等载体，展示中国传统文化，让人们生活在中国传统文化的氛围中，时时处处接受传统文化的教育，感受传统文化的魅力；可以通过新闻媒体设专栏、办专刊，介绍中国传统文化，开展传统文化研讨活动，加大宣传力度，展示传统文化之美，形成舆论环境；可以开展以弘扬传统文化为题材的创作演出活动，让传统文化走上艺术舞台，进入影视节目和文学作品，在潜移默化中培养人们对中国传统文化的兴趣与爱好，让人们接受传统文化知识；可以引导和支持广大社会团体、公共部门最大可能地开放相关资源，让越来越多的人走进历史文化场所、走向文化舞台、亲近传统文化等。只有全社会都形成了正视、重视中国传统文化的良好氛围，才能使其更好地融入思想政治教育，中国传统文化与思想政治教育的相融合，就不仅是应然之态，更是实然之举。

三、加强科研与教师队伍建设，提高科研与教学能力

中国传统文化与思想政治教育这一研究方向，要求教师与相关研究者必须至少具备了两方面的专业学术能力：一是必须具备深厚的中国传统文化功底，能够恰当运用中国哲学的研究方法诠释传统典籍，并能够呈现中国古代文化思想的真实面目，避免当前的泛泛而论与牵强附会的现象；二是必须对思想政治教育原理有深入的了解，同时能够正确、及时地把握党的方针、政策与路线，坚持以马克思主义立场作为传统文化研究的指导。研究者只有同时具备这两个方面的素养，才有可能取得高质量的成果，这一学科方向也才能在思想政治教育学科获得优势地位。然而目前在中国传统文化与思想政治教育这一研究领域，真正能同时达到这两方面要求的学者少之又少，这也是目前中国传统文化与思想政治教育这一研究领域存在的重要问题之一。因此，我们必须加强这一研究领域的科研与教师队伍建设。首先可以邀请不同学科的权威专家对这一研究方向的教师与科研工作者进行有针对性的培训或讲授，增强他们对中国传统文化与思想政治教育这两个方向的综合交叉研究能力；其次要增加相关研究方向的科研项目和学术研讨交流机会，使其在深层次学术交流探讨中增强对两种学科知识的融合度；再次要提高相关科研项目经费，提高相关专业教师与科研工作者的待遇，增加教师与科研工作者的专业认同度；

最后，要适当增加教学任务，使他们在教学活动中进一步提高教学能力，改进教学方法等。

四、关注社会现实，引入问题意识

理论研究唯有对社会现实做出积极回应，才能获得持续发展的源头活水。在思想政治教育中，对中国传统文化中的思想政治资源的挖掘与阐释不应当仅仅陶醉于概念的界定与理论体系的呈现，更为重要的是，应该能够对人们所关注的现实问题做有效的回应，使理论研究获得开阔的视野与济世的情怀。因此，关注社会现实，从实证调查入手，在寻找问题、引入问题中确定研究的切入点，不断开拓学术视野，是中国传统文化与思想政治教育相融合研究的重要途径，是我们应该广泛运用的研究方法。

五、中国传统文化应与思想政治教育融合

思想政治教育工作者应该以高度的文化自信和理论自觉，不断推进中国传统文化与思想政治教育的互动融合，使优秀传统文化通过创造性转化成为思想政治教育的不竭源泉。面对思想政治教育的新任务和新要求，对优秀传统文化资源的开发还需做大量艰苦细致的工作，需更进一步地对优秀传统文化进行细致梳理和深入发掘，加以“扬弃”，切实做到古为今用，推陈出新，使优秀的中国传统文化精华服务于思想政治教育。首先，要改善思想政治教育原有的课程设置。课程的开设离不开一定的学科专业要求。目前中国传统文化与思想政治教育已成为思想政治教育学科的重要研究方向之一，因此，中国传统文化的内容亦应该系统地体现在思想政治理论课程的设置中。其次，要在教材中增加中国传统文化内容。教材是进行思想政治教育教学的必要载体，目前我国思想政治教育理论课使用的是教育部的统编教材。这些教材

的“概论”“纲要”性，决定了其很少能体现中国传统文化的内容。因此，教师有必要在备课过程中，有意识地将优秀的中国传统文化的内容融入教案中，作为统编教材的教学素材加以使用，使教学的内容变得更加有血有肉和丰富多彩。最后，要将中国传统文化引入思想政治教育的课堂教学中。我们知道，课堂是学校进行思想政治教育的主要阵地。通过课堂，课程才能落到实处，教材方能变活，教案才可实施。教师应通过影视作品播放、文化专题讨论、文化论题的激辩、文化名著导读、经史子集解读、名篇读后交流等多种形式，将中国传统文化引入思想政治教育的课堂教学，结合思想政治理论课的教学，围绕普及和弘扬中国传统文化知识，培养学生对中国传统文化的兴趣与爱好，为思想政治教育营造浓厚的传统文化氛围，提升思想政治教育的实效性。

六、传统文化对于学生的影响

（一）传承和发扬优良传统

中华民族历经五千年的风雨洗礼，成为当今世界独一无二的文明古国，在历史的长河里众多古文明都曾出现中断，唯独中华民族屹立不倒，这与我国传统文化强大的同化力、包容性有着密切联系，更与中华民族刚毅不屈的民族精神密不可分。时至今日，老祖宗留下的宝贵精神财富依然指引着我们不断向前发展，但不少的现代人却早已不能正确认识传统文化的重要性，甚至抛诸脑后。中学生作为教育体系的重要阶段，正确地在思想品德课中融入传统文化教育，是传承和发扬优良传统的良好契机，无论是对学生的成长还是对文化的发扬都具有非常重要的意义。

（二）树立正确的思想情怀

初中生正处在人生观价值观形成的关键阶段，这个阶段的教育对树立学生正确的思想观念，端正的人生态度是影响深远的，无论是学校教育还是家庭教育都应当非常重视这个阶段学生思想品德的培养和塑造。国家未来的发展和建设需要的一定是具有高尚品德的爱国人士，而非单纯的知识“机器”，一个人在社会中实现价值，并不是看他有多大的才能，而是取决于对社会有多大的奉献，当今世界能够取得非凡成就之人，往往并非聪明绝顶者，而是宅心仁厚心系天下之人。我国传统文化历来重视对人品质和思想的教育，以爱国主义和孝道为核心的传统文化对树立学生正确的思想情怀意义重大。

（三）培养端正刚毅的品格

在传统文化中，古人常常为梦想坚持不懈、为理想奋斗不息，马革裹尸还的刚毅精神以及头悬梁锥刺股的坚定信念都是当前众多学子所缺失的重要品格。进入 21 世纪，我国经济社会取得重大成就，优越的物质生活让很多人丧失了吃苦耐劳的传统美德，遇难而退的人越来越多，迎难而上的好少年越来越少。在中学思想品德教育中融入这种传统优良精神，将能够激发学生不怕苦不怕累的拼搏意志，培养坚定不移刚毅不屈的优秀品格。也只有这样的人才，才是能担当能为祖国和社会做出卓越贡献之人。

七、在教学中渗透传统文化的基本原则

（一）重视传统文化对学生的思想导向性

在教育领域，尤其是初中阶段的教育，思想教育应当比知识教育更重要，思想品德课作为中学生思想引导的重要课程，渗透传统文化的主要目的就是在丰富学生人文知识的同时，巧借传统文化强大的思想内涵引导学生思想品德朝着正确的方向发展。因此在课程中融入传统文化的第一项原则就应当是重视思想引导

性，努力以传统文化培养学生端正的思想态度和人生信念。

（二）在教学中坚持以学生为中心的原则

在过去老式教学课堂体系下，课堂的主体是老师，老师讲什么学生就学什么，并不考虑学生需求和社会需求，灌输式、填鸭式的教学方法不仅打消了学生思考的主动性，更磨灭了学习的积极性和兴趣。在思想品德课程中渗透传统文化教育，必须转变教学理念，切实以学生为主导，积极引导学生自主探索和学习，激发学生对思想品德课程的认可以及对传统文化的浓厚兴趣。

（三）在教学中对传统文化要灵活运用

传统文化博大精深，内容多如浩瀚的繁星，如何在课堂教学中灵活运用，巧妙地将传统文化与当前的思想品德课程内容相结合是教学的重点。中学教师必须对课程内容和传统文化都有充足的了解，然后结合社会发展实际，在课堂教学中灵活运用，只有这样学生在学习中才不会感觉到疲惫和困乏。学生兴趣的培养是教育有效性的前提，运用传统文化深厚的内涵引导学生积极探索知识，是当前教育的重点和难点。

（四）坚持思品教育与传统文化相融合

思想品德教育与传统文化教育理念应当是一脉相承、相互融合的，在教学中教师应当将这两者融会贯通，切忌在教学中生搬硬套，将思品教学内容和传统文化相互隔离的做法。中学生处在知识较为贫乏的阶段，老师的引导和教育依然是学生接受知识的重点部分，在知识的传递过程中系统的融合的知识更容易被学生接受，而相互割裂的知识体系则略显枯燥和乏味。

八、在教学中渗透传统文化的基本方法

（一）在知识传递中渗透传统文化

知识传递是中学教学的主要手段和目的，任何教育都具有两方面的作用的目标，一个是思想引导，一个是知识传递。二者相辅相成不可分离，教师在教学过程中最主要的就是知识内容的传递，丰富学生知识储备和提升头脑思考能力，在知识传递中教师就要学会运用多种教学方法，巧妙融入传统文化，让学生在不知不觉中接受传统文化，并且在潜意识中形成根深蒂固的思维模式，这样的教学才算是成功有效的。

（二）在知识启发中渗透传统文化

学生学习知识最终还是要在生活和工作中能够熟练运用，能够用所学的知识指导社会实践，否则死记硬背知识点是毫无益处的。知识的学习靠记忆，知识的应用则是靠思考，在教学中教师更重要的作用应当是引导学生学会自我思考，对知识有自己的判断和评价，对知识的运用有自己的想法和观点，这样学生才能够学有所用。因此，在对知识进行回顾和总结中，教师应通过多种方式启发学生去自己思考和探索知识，同时融入传统文化内容，丰富学生思维空间，提升学生对传统文化探索的兴趣。

（三）在知识检测中渗透传统文化

对所学知识进行检测一方面可以提升学生对知识的综合运用能力，另一方面也是敦促学生认真学习的有效手段。通过在知识检测中加入传统文化内容，学生会以更高的热情和积极性，更专注的注意力去关注和思考传统文化，并且在考试中主动将传统文化与所学知识点相结合，提升自身对知识的综合应用能力。

九、挖掘传统文化内涵，拓展思想政治教学资源

所谓传统文化是千百年来人们通过耳濡目染，以物体、文字、行为方式和口耳相传等方式流传下来的精神层面的内容，大多为约定俗成的众多文化现象。

中国传统文化源远流长，在中国特定的环境中对于我们每个中国人的成长有着无法抗拒的重要的影响作用，成为人们重要的精神支柱和力量源泉，并扎根在人们的心灵深处。每个人从生下来开始就有意识无意识地不可避免地接受着当地传统文化的熏陶，在其心灵上打下了很深的文化烙印，所以说一方水土养一方人是非常有道理的，长大以后不管走到哪儿，随着年岁的增长，人老之后往往都希望叶落归根，回到生于斯长于斯的家乡的土地上。所以，在思想政治课堂教学中，挖掘当地传统文化与教材内容相结合来拓展课程资源，可以作为对青年学生进行思想政治教育的重要教育教学内容，有效地增强思想政治课程的针对性和厚重感。

例如，海门以其交通发达的“江海门户”的特有地理位置，与经济发达的上海隔海相望，向来有“北上海”之称。物产丰富，有着人杰地灵、人文荟萃的悠久历史，在海门历史上培养出了一代又一代的文化名人。因此，结合海门当地特有的乡土材料和传统文化的内容，因地制宜地进行思想政治教学，与学生的生活紧密结合，让学生产生似曾相识、参与其中的亲切感，可以极大地激发学生的兴趣，让学生在愉悦的情感体验中学习并掌握思想政治理论知识，并能够与社会实践相结合，学以致用，运用所学的思想政治教学内容来讨论、分析当地特有的风土人情，从而有效地提高思想政治教学效率。作为初中思想政治教师，要引导学生

追本溯源，学会认识和鉴别传统文化中的积极因素和消极因素，树立正确的价值观和人生观，确立正确的、积极的人生理想目标并为之努力，才能真正发挥思想政治教育的实效性。要继承性地发展身边的中国传统文化，汲取其中的积极向上的创新精神，在今后的人生道路上选择正确的人生坐标，更好地实现人生的价值和理想，为社会和进步和发展增光添彩。

总之，在思想政治课堂教学过程中结合地方传统文化，不仅可以达成“知识与技能”课堂教学目标，更重要的是可以让学生通过教学过程，在情感态度与价值观方面得到有效提升，从而努力传承优秀的传统文化，为未来升学和就业、创造美好生活打下良好的基础。

相比较现代的教育教学方法，传统文化更加注重对学生思想的培养和品格的塑造，所教导出来的学生与社会而言更为有用，也更有利于学生后期成长和发展。在初中思想品德课程中融入传统文化即是对传统文化的有效传承，也是对学生性格培养的重要帮助。中学教师应当在今后的教学中，广泛灵活运用传统文化的力量，全面提升思想品德课教学水平，促进学生健康成长。

十、中国传统文化与思想政治教育相融合的价值

思想政治教育是一项以“育人”为目的的教育实践活动，而对于“育人”而言，不可能离开其所处的整体文化环境。我国的思想政治教育亦离不开经过漫长历史发展和积淀而形成的底蕴深厚的传统文化。与西方的“智性文化”不同，中国传统文化正是一种研究如何培养人、教育人的文化，更加注重道德教化，形成了一种崇德尚贤的伦理型“德性文化”，并在漫长的中国古代历史进程中“构建了成熟的道德价值体系，形成了丰富而系统的个人伦理、家庭伦理、国家伦理乃至宇宙伦理，并相应地确立了一整套完备的道德教育理论”。它崇尚德性，注重德教，注重培养人仁爱、孝悌、谦和有礼、诚信笃实、忠贞爱国等道德品质和“天下兴亡，匹夫有责”的社会责任感。中国传统文化所具有的这种浓厚的道德特征与道德色彩，对于调和人与人、人与社会以及人与自然之间的矛盾和冲突，维护社会的稳定，推动历史发展具有重要价值。

它对于德性与德教的重视与强调，不仅在我国古代的道德教育中产生了良好的影响，培育了一代又一代崇德尚贤、公而忘私的仁人志士，还为我国当代思想政治教育事业的发展构建了良好的“以文化人”的文化语境。二者相互渗透、融合必将促进我国思想政治教育事业的不断创新发展。

（一）有助于提高人们的思想道德素质和文化素养

我们知道，崇尚道德是中国传统文化的核心价值取向，崇德、重德、德教是中国传统文化几千年来的优秀传统。中国古代教育教学科目繁多，早在先秦时代就包括礼、乐、射、御、书、数六艺，然而这种纯知识或技能的教育并不是中国古代教育的终极目的，它通过对受教育者各个方面的教育与培养，意在培养德才兼备，不断接近设置达到“圣人”“君子”“觉行圆满”等理想品格之人。这种传统在中国整个古代社会一直延续下来而并没有中断，可见中国传统文化对道德的崇尚与对个人德行培养的重视。然而，近代以来，随着西方列强的入侵，中国社会日趋衰败，人们对自身的传统文化产生了怀疑，并拉开了反传统思潮的序幕。在我国近现代三次反传统文化思潮的影响下，中国传统文化遭到严重破坏，致使许多人对我们自身的民族传统文化态度淡漠、认识不足，最终导致民族文化的失落与人们精神家园的相对荒芜；另外，自中华人民共和国成立以来，我国思想政治教育在其三十多年的发展历程中，虽然取得不少成绩，但其偏重理论灌输的教育模式单一枯燥，使得人们对马克思主义这一科学理论的认识与接受大打折扣，自然使得人们树立科学的人生观与价值观也显得极为困难；此外，市场经济时代的经济形态一方面强化了人们的平等观念和经济意识，提高了人们的自主意识和竞争观念，另一方面也导致了以金钱多寡作为价值判断标准的拜金主义的滋生，引发了极端的个人主义和无政府主义；加之在当今经济飞速发展与信息爆炸式传播的全球化时代，多元文化交流亦日趋频繁，在各种各样的价值观的影响下，人们尤其青少年学生不免会受到诸如狭隘的功利主义、享乐主义、拜金主义、个人主义等各种不良价值观的影响。

（二）有助于增强民族凝聚力和培养爱国主义精神

文化具有民族性，是维系民族团结和共同价值观念及生活方式的纽带。中国传统文化是中华民族在世世代代的生活环境中所创造出来的精神文化，是包括海外华人在内的所有中华儿女的精神支柱。由于共同的文化心理，每位中华儿女，不论何时何地都对中国传统文化有着自然而然的亲切感和认同感。同时这种文化认同感在一定的历史条件下还可以调和国家或民族内部不同阶级、阶层和群体之间的对抗性矛盾。此外，当国家或民族由于种种原因尤其是因为统治者腐败骄横而处于落后状态时，人们往往会对国家或民族团体产生失望心理和不满情绪，造成国家和民族的凝聚力下降，但由于共同的文化心理，绝大多数人，特别是有识之士能很自然地将腐败者同民族、国家分离开来，从爱国的目的出发反腐败、除奸恶，而不会因社会的一时黑暗而抛弃自己的民族和祖国。上述这些都是文化认同的民族凝聚力所在。爱国主义一向是中华民族的优良传统，是中华民族生生不息、自立于世界民族之林的强大精神动力。继承和弘扬爱国主义优良传统，是对我们每一个公民的基本要求。然而，自 20 世纪 70 年代末我国实行改革开放以来，西方的文明成果不断涌入中国，与此同时由于反传统思潮尤其是“文化大革命”所导致的对中国传统文化的严重破坏，使我们对中国传统文化的继承和发展基本处于停滞甚至倒退状态，民族文化的缺失使我们对中国传统文化的精髓知之甚少，造成了我们对本民族文化失去自信，进而造成民族凝聚力的丧失。在部分人群尤其青少年群体中，以往被视为神圣的“民族”“国家”“理想”渐渐失去了昔日的光彩，失去了往日激动人心的力量，相应而生的则是个人主义、拜金主义、自由主义等各种不良价值观的泛滥。在这种状况下，本该胸怀天下，铭记历史，为中华之复兴而努力的青年，却往往没有理想与信仰，急功近利、崇洋媚外等不良行为在人们身上屡见不鲜。因此，在我国当前的思想政治教育中加强中国传统文化教育显得尤为重要，充分发掘其中的思想政治教育资源，有助于我们弘扬爱国主义优良传统，培养爱国主义精神。

（三）有助于挖掘更加丰富的思想政治教育资源

崇尚道德，重视道德教化以及其注重渗透、自觉自省与践履的道德教化方式是中国传统文化一以贯之的重要特征。中国传统文化的这些特征不仅使其具有了浓郁的“以文化人”的人文精神，也使其在数千年的历史积淀中，在诸多方面都为我国当前的思想政治教育提供了丰富的教育资源。首先，中国传统文化以对圣贤人格的追求作为道德教育的目标，着重培养人的道德品格和社会责任意识，引导人们向圣人、君子等理想人格看齐，从而不断提升自己的道德水平和人生境界，进而不断接近甚至达到“止于至善”的道德理想。其次，中国传统文化注重整体观念的培养，追求天人合一的自然观念，倡导自强宽厚、群体至上的民族精神和国家观念，秉持和而不同的社会及人际关系，践行开放融通的创新精神，强调诚信求真的道德品质，追求内圣外王的理想人格与人生取向等。再次，中国传统文化注重言传身教，强调教育应该遵循身正为范、因材施教、循序渐进等基本原则。最后，中国传统文化注重“知行合一”的道德教育方式，强调学思结合、向内自省、身体力行、追求“慎独”等基本的道德教育方法。可以说，中国传统文化中内在蕴含着丰富的思想政治教育资源，然而由于20世纪三次反传统思潮的影响，中国传统文化遭到十分惨重的破坏，进而使其各方面的功能亦受到严重蒙蔽，加之我国思想政治教育自身对传统文化的忽视，其内在蕴含着的丰富的思想道德教育资源亦很少被思想政治教育拿来使用。因此，重新审视中国传统文化的价值所在，努力挖掘其中与思想政治教育相通相合的教育资源正是中国传统文化与思想政治教育相融合的必经之路，反过来中国传统文化与思想政治教育的不断融合，也有助于我们以积极的主动意识去发掘中国传统文化中丰富的思提政治教育资源。

（四）有助于拓宽思想政治教育研究的视野

思想政治教育学科自20世纪80年代初在我国建立起，就一直笼罩着浓重的政治色彩，成为我国特有的一门应用学科。不可否认，思想政治教育为我国的社会主义事业发挥了巨大的政治功效。然而，分析其概念的内涵我们知道，思想政治教育并非我国所特有，它是阶级社会普遍存在的一种教育实践活动，只不过在其他国家它是以公民教育、国民精神教育、道德教育、宗教教育等名称存在。不过在我国，长期以来，由于思想政治教育被赋予过于浓厚的政治色彩，其被限定在一个固定的框架内，人们只能用一种严肃的单一枯燥的话语系统来对其解读，而不能自由地多视角地对其进行审视与研究，这就使得思想政治教育的研究视野亦相当狭窄，思想政治教育学界也一度陷入沉寂僵化状态。后来，伴随着中国社会的开放转型快速发展，思想政治教育亦需要不断拓宽研究视野，以顺应时代发展的要求。因此，将蕴含着丰富思想政治教育资源的中国传统文化融入思想政治教育，不断挖掘其中可利用的思想政治教育资源，有助于拓宽思想政治教育的研究视野，有助于人们从不同视角来对思想政治教育进行审视和研究，进而有助于改变其单一枯燥的话语系统和理论灌输说教模式，使其更好地适应时代和社会发展要求。

（五）有助于拓展思想政治教育学科创新的途径

一门学科想要有所创新发展，就必须借鉴其他学科的理论成果，与不同学科之间交叉渗透，以获得新的理论生长点。可以说，“不同学科的交叉融合，是学科发展成熟到一定程度后的必然要求和表现，只有以不同学科的视角来审视本学科的发展，本学科才能不断获得新的生长点，这是学科发展的客观规律。而且，学科的交叉融合、不同思想理论之间的相互借鉴与相互渗透，也是促进学科发展、推进理论创新的必由之路”。作为一门明确指向“人”的学科，思想政治教育本身就是马克思主义哲学、教育学、心理学、伦理学、政治学、逻辑学、美学等多门学科交叉渗透的产物。思想政治教育要有所创新发展，就必须继续加强与其他学科的交叉渗透研究。作为一门综合性、实践性都很强的应用型学科，思想政治教育的根本任务是解决人的思想问题。

随着时代的发展，在当前经济全球化与信息爆炸化的背景之下，多元文化不断冲击着人们的头脑，人们的思想观念、认知水平以及价值取向等都发生了重大变化，不再受制于传统被动的思想政治教育理论灌输与说教模式，更加注重个体的自由发展，这些变化都给思想政治教育增加新的难度，对思想政治教育工作者和思想政治教育学科自身的发展提出了新的要求和新的挑战。中国传统文化正是由于其自身对道德教育的推崇与重视及其教育内容的丰富性、教育方法的渗透性等原因而重新回到思想政治教育工作者的研究视野。因此，中国传统文化与思想政治教育互相交叉渗透融合，拓展了思想政治教育研究的新视角，亦成为思想政治教育创新的途径之一。

相比于现代的教育教学方法，传统文化更加注重对学生思想的培养和品格的塑造，所教导出来的学生对社会而言更为有用，也更有利于学生后期成长和发展。在初中思想品德课程中融入传统文化即是对传统文化的有效传承，也是对学生性格培养的重要帮助。中学教师应当在今后的教学中，广泛灵活运用传统文化的力量，全面提升思想品德课教学水平，促进学生健康成长。中学思想政治课堂作为初中教学的一门基础性学科，承担着学生德育教育的重要使命。弘扬中华民族传统文化是新时期思想政治课堂的重要教学内容。

第二节 传统文化在思想政治教学中的运用实践

一、运用传统文化引导学生思考

初中政治教师在开展教学活动时，如果一味地向学生灌输政治概念，学生会对政治学习产生错误的认知，他们会觉得学习政治知识的意义就是被动地接受理论知识，认为学习主体性消失，从而不愿意主动思考政治知识。初中政治教师可以应用具有争议性的传统文化知识引导学生思考，让学生在辩证及讨论的过程中学习政治知识。例如教师可以引导学生思考元代郭居敬编撰的《二十四孝》一书中卧冰求鲤的故事。让学生思考故事主人公的继母病了，想吃活鲤鱼，主人公去河上卧冰求取一条鲤鱼，这样的事例算不算孝顺？在现代社会里，作为子女应当怎样与父母相处？教师应用主题探讨式的方法引导学生思考，让学生轮流回答问题。学生在提出自己的观点，共同探讨的过程中辩证地思考初中政治知识。大部分的学生认为，卧冰求鲤的故事不能成为孝顺的典范。学生们认为，继母要吃鲤鱼，可以应用去市场上买鱼、与其他人交换鲤鱼等方式获取鲤鱼，如果获取鲤鱼不方便，可劝导继母食用其他的滋补食物。学生认为，古代提出的孝顺是一种把等级观点引入到家庭中的概念，现代的子女不应该应用“孝顺”的态度对待父母。而父母和子女之间应该构建怎样的人际关系，则引起学生新一轮的讨论。初中政治的概念是固定的，而政治概念的表现形式是多种多样的，有些政治概念本身具有争议性。如果学生不能深入地探索这些政治问题，对政治知识的理解就会出现偏颇，初中政治教师可让学生探讨具有争议性的传统文化，让学生在去粗取精的学习过程中深入理解政治概念知识。

二、充分利用课内资源，提升中学生的传统文化素养

一个国家，如果没有自己的传统的文化特色，再怎么发展也只能沦为别人的文化附庸；一个民族，没有对传统文化的创新，那么整个民族的发展也会沦为空谈。《文化生活》教材中每一个内容的讲解都会结合相关的图片、名人警句、诗词格言等，这样能让学生感受到传统文化的魅力和博大精深，但是由于学生基础性的差异和理解能力的差异，很容易只局限于走马观花的浏览图片和例子，所以教师在这一过程中需注意加强引导学生思考。但就本身教材上的例子而言，对于当代中学生可能在一定程度上缺乏吸引力，这就要求教师做足“课外作业”，列举更多“鲜活”实例。如列举学生感兴趣的、熟悉的、与现实生活联系紧密的例子让学生感受传统文化中的有益、优秀成果的现实意义。例如：在讲解《文化生活》第二单元第五课《文化创新的途径》时，可以用《喜羊羊与灰太狼》系列动画电影、《功夫熊猫》等动画片作为例子与学生探讨文化创新的根本途径和基本途径，在实际教学中既提高了学生学习的兴趣，随着例子一同思考讨论并得出结论，同时也让他们感受到了文化创新就在我们身边，我们每个人都能在平凡的生活中提升自己的文化素养。

三、　充分利用课外资源，提升中学生的传统文化素养

1. 利用现代大众传媒，让学生成为教材的主人

作为“00 后”的中学生，对于大众传媒的了解和应用已经非

常普遍，在教学中我们应利用这一有利条件，适时布置一些课外查找资料的作业，如中国的传统文学、音乐、历史人物等，并可以组织学生设计一次中国传统文化展览等活动，以及以小论文的形式探讨怎样增强文化的创新力等。这一活动，可以培养学生主动学习的能力，让他们真正寓教于乐，有利于更好地掌握课本知识，也有利于提升他们的传统文化素养，让他们真正成为教材的主人。

2. 利用课外活动，更好地参与实践

人民群众是社会实践的主体，是文化继承、发展、创新的主体，所以要想学生提升文化素养也必定是要树立群众观点、走群众路线的。

可以利用周末假期组织学生走访居住地附近的老人，了解他们年轻时有哪些传统习俗，并调查这些习俗是否发生了变化，是否至今仍然有非常重要的影响，并制作网络问卷调查相关的习俗对现代人生活的影响等。根据走访的内容，可以撰写相关的调查报告和关于保护传统文化的倡议书等。通过这些活动，让学生感受传统文化，加深对传统文化的理解，增强他们热爱和保护传统文化的意识，从而达到提高中学生传统文化素养的目的。

3. 兴趣是学生的第一个老师

有兴趣才会用心去关注，有兴趣才会去思考。教师要培养学生对政治课的兴趣，做到以趣激学，以趣引思。一方面，课堂上所引用的材料要新。教师要尽量把最新最热门的时事材料引用到课堂教学中。这种材料，能更有效地引起学生的注意。另一方面，要多给学生自己参与的机会。课堂教学要以学生为主体，教师尽量创造机会给学生，让学生能参与到课堂中来，改变以往满堂灌的教学方式。学生自己参与了，才会有更大的兴趣，才会动脑子思考。

4. 充分肯定，树立学生思考的信心

对于一节课该怎么上，教师都想过了。但是，学生有没有想过呢？教师有没有让学生去想呢？在传统教学中，教师往往不让学生去思考，反而要求学生顺着自己的思路去做。学生思考的角度不同，往往得不到教师的认同，久而久之，学生也就懒得思考，对自己的思考没有了信心。没有信心，做任何事情都是不积极的，学生对自己的思考没有信心，就会很被动。面对这样的情况，教师就应该充分肯定，树立学生思考的信心。教师要能发现学生的闪光点，及时充分地鼓励、表扬学生，让学生觉得自己的想法是好的、是有可取之处的。

5. 师生交流，提高学生思考的主动性

师生交流，一方面可以让学生体会教师思考的内容，另一方面又可以让教师能充分地了解学生。教师把自己对课本知识的把握过程一一跟学生们交流，学生可以从这个过程中体会教师对知识把握的自觉性，从而提高思考的主动性。遇到问题，学生能够主动去思考，将思考的内容跟教师交流。学生对这样的交流都是很积极的。在交流中相互促进，相互提高，学生的思维变得更加活跃。例如，在学习“具体问题具体分析”的内容时，“有哪些成语、名言、诗句体现了具体问题具体分析呢？”教师把自己想到的说出来：因材施教、一把钥匙开一把锁，体现了具体问题具体分析这一原理。学生也积极参与，主动认真思考，尽可能地把自己想到的说出来，师生交流，提高了学生思考的主动性。

6. 传授方法，拓展学生思考的方式

思考问题需要方法，方法正确，事半功倍；方法错误，则会走许多弯路。教师要授予学生思考的方法，拓展学生思考的方式。好的方法可以提高学生思考的水平，改善思考的质量。

（1）概括法。日常生活中，我们接触的材料很多，有些用得上，有些则是无用的。我们要学会概括，从众多的材料中概括出主干部分。学习也是这样，一篇课文、一节课，阅读之后，要从中概括出它的主要内容，提炼出精华部分。这种做法，有利于我们对知识的把握。可要求学生首先粗略阅读课本大意，然后概括出课本的主要内容。让学生运用概括法，很容易就把握了课本的主干。当然，学生不一定能全面概括课本的内容，教师要适当地补充、完善。经过一段时间的训练，学生的概括能力逐步提高，学习效果就显现出来了。

（2）比较法。将一个原理、概念与其相近的知识做比较，可以更有效地理解知识点。独立的、单一的原理、概念可能让人一时无法理解得清晰，但将它与其他相近的知识点做比较，就可以清晰地看出其特点来。所以，学生要学会比较法，运用这一思考方式，可以有效地把握某一原理的特性。

四、传统文化在思想政治教学中的应用实例

（一）借用典故，抛砖引玉，让学生深受启迪

典故是中华民族传统文化中的一朵奇葩，它以风趣、幽默的语言，离奇动人的故事，让人回味无穷。在思想政治课教学中，借用典故，能使课堂气氛轻松活泼，提高学生的学习兴趣。如在学习九年级第一学期第四课《立志成才》时，笔者借用了“人尽其材”这一典故。公孙龙在赵国时，时常对学生们说：“一个没

有本领的人，我是不收他做学生的。”有一天，一个衣衫破烂的年轻人前来拜师。公孙龙问他有什么本事，年轻人回答说：“我能大声呼喊。”旁边的学生们都笑了起来。公孙龙环顾大家问道：“你们中有能大声呼喊的吗？”大家又哄地笑了起来，说没有。公孙龙便对年轻人说：“好，我收你做学生。”过了数日，赵王叫公孙龙去燕国做说客，当他们一行匆匆来到一条大河边时，只见河水茫茫，船却停在对岸。大家没有办法，那个年轻人却不慌不忙把手拢成个话筒样，对着那边大声呼喊。洪亮的声音传过去，船家听见了，很快把船划了过来。在同学们津津有味地听完这一典故后，老师不失时机地问他们：“你心目中的人才是怎样的？”学生们马上议论起来。随即老师让学生概括“人才”的含义，接着老师便及时总结：在当代社会，国家需要的人才不仅是多样的，而且是大量的。只要你的一技之长是对国家有用的，并把它充分发挥，就是国家需要的人才。像公孙龙都能把“大声呼喊”作为他的优点并加以利用后受到别人的器重。相信我们肯定比公孙龙还有本事和长处。讲到这里，班里很多学生的眼睛顿时充满了光芒，充满了希望。这个典故的应用，不仅活跃了课堂气氛，而且让有些学生受到了深刻的鼓舞和启发。

（二）运用成语故事，让学生易懂易接受

成语是我国民族语言的璀璨珠玑，是中华民族传统文化的瑰宝，它以极其精练的语言，蕴藏着十分深刻的思想内容。许多成语，或是讲述一个历史故事，或是一个历史事件的记录，或是丰富哲理的阐述。因此，在思想政治课教学中，运用一些成语故事，既能使学生感受民族文化的博大精深，又能使课堂教学深入浅出，让学生易懂易接受。例如在讲“青少年待人处世要有自己的主见”

这个知识点时，教师运用了一个成语“邯郸学步”。故事讲述的是一个燕国少年由于对自己缺乏自信，觉得自己的走路姿势太难看了，就去邯郸学别人走路的姿势，他看到小孩走路，他觉得活泼、美，学；看见老人走路，他觉得稳重，学；看到妇女走路，摇摆多姿，学。就这样，不过半月光景，他连走路也不会了，路费也花光了，只好爬着回去了。讲完这个成语故事，老师就问：“这个燕国少年为什么到最后爬着回去呢？”学生们马上就能回答出来。这样，老师就很自然而然地启发学生“通过这个故事，告诉我们一个什么道理？”学生都能答出做什么事情要有自己的想法和主见，不能人云亦云。从而很顺利地过渡到要讲的知识点“青少年待人处世要有主见”。通过一个生动有趣的成语故事，让学生一下子明白知识点，既积累了知识，又加强了课堂气氛，教学效果也就提高了。

（三）应用诗词，使教学富有诗意

诗词是中华民族优秀传统文化中最为璀璨的一颗明珠，唐诗、宋词以其高度的思想性和艺术性饮誉海内外。在政治课课堂教学中，适当地引用一些诗词，挖掘其内在的思想内涵，能使课堂教学引人入胜。如在学习九年级的“爱国主义”时，老师选用了岳飞的《满江红》，“怒发冲冠，凭阑处，潇潇雨歇。抬望眼，仰天长啸，壮怀激烈……壮志饥餐胡虏肉，笑谈渴饮匈奴血。待从头，收拾旧山河，朝天阙！”读着岳飞慷慨激昂的《满江红》，学生们都热血沸腾，发自内心地体会到国家强大对于我们老百姓的重要性。或者选用杜甫的诗《春望》，“国破山河在，城春草木深”，通过让学生欣赏这首诗并深刻地体会到“国家，国家，是因为有国才有家”，从而进一步培养学生爱国热情与激情，也让课堂增添了一份诗意。

（四）利用名言名句，使课堂教学新颖别致，让学生回味无穷

在祖国的传统文化中，有许多名言名句，它们文字优美，思想新颖、寓意深刻。在思想政治课教学中，利用名言名句，能使课堂教学耳目一新，让学生回味无穷。如在学习九年级第二学期《为振兴中华奉献青春》，最后总结时，教师选用了梁启超的《少年中国说》中的一段“少年强则国强，少年胜于欧洲，则国胜于欧洲，少年雄于地球，则国雄于地球”。学生上完这节课，都有所启发，对于自己今后如何为国奉献也有了一份认识和思考。还有在学习六年级的《集体主义》时，最后总结时教师选用了雷锋的一段话作为本课的结尾。“一滴水只有放进大海里才永远不会干涸，一个人只要当他把自己和集体的事业融合在一起的时候才最有力量，一个人的力量毕竟有限，不汇入江河永远也不能汹涌澎湃！”通过雷锋这段激昂的话，学生更能体会集体主义的重要性，也为课堂增添了几分韵味。

（五）巧用民族舞蹈，让学生感受民族的风采

民族舞广泛流传于民间，它内涵丰富、意境深远，感染力强，不仅可以涵养性情，开阔视野，还可以增加道德修养，调动思维的参与。在政治课课堂教学中，结合教材内容，巧用舞蹈，让学生身临其境，不仅能烘托课堂的气氛，还能引起情感的共鸣。例如，在上七年级《让生命焕发光彩》时，教师播放了舞蹈《千手观音》，这是由一群聋哑人用他们的坚强和信念演绎的一段美丽的舞蹈，不仅给学生美的享受，更多的是心灵的震撼。即使自己身体残缺，也可以让自己的生命焕发出光彩，焕发出活力，这就是一种生命

的舞蹈。学生们看完这段舞蹈，不用老师多说，同学们感到平时遭遇到的挫折、失败是那么的微不足道，只要生命存在，只要自己还活着，总有成功的一天。一支支用生命、用坚强演绎的舞蹈，一次次使学生的心灵受到震撼、受到善的启迪。这种震撼像海边的大浪一样反复冲击着学生的心灵，促使他们对生命更多的思考、对人生更多的感悟。此时无声胜有声。其实，流行音乐中融入民族风，发扬传统文化也不啻是一个方式。因为流行音乐的渲染力、普及性及流通度，是其他创作载体所无法比拟的，能更好地传播古典传统的优秀内涵，让接受者更少抗拒。推广或传播古典文化，应该多利用通俗文化的力量。另外，运用相声、小品、漫画、歌曲、寓言故事、名家名著等传统文化艺术素材也能取得很好的效果。

经典传统文化是浓缩的精华，对个人发展和社会进步的影响是潜移默化、深入持久的。作为教育工作者，我们不能只满足于将课本的知识传授给学生，更应该引导学生思考人生，确定目标，修剪自己、提高自己，树立正确的世界观、人生观和价值观。美国普林斯顿大学校长雪莉·蒂尔曼说得好，修养会伴随一个人的一生，而就业只是暂时的。当然，让我们经典的传统文化有机地融合在初中思想品德课堂教学中，说来容易，做起来难。在建立和谐社会的今天，让传统文化发扬光大成了当务之急。思想政治课堂是民族文化的载体，而民族优秀传统文化是思想政治课的灵魂。这就要求我们在思想政治课教学中，不仅要注重知识的传授、运用和行为的培养，更要让学生熟悉中华文化的丰厚博大，吸收民族文化的精髓。

第三节　教师在政治教学中的积极作用

政治教师要按照深化教育改革和全面推进素质教育的要求，转变教育思想，更新教育理念，积极进行教学方法的改革。在政治教学中，强调以学生为主体，逐步形成学生主动参与和自主探索为主要学习方式的新型教学模式，为夯实和提高学生的素质打下坚实基础。同时要结合中国古代传统文化，使课堂生动，达到政治教育与古代文化相结合的作用。

叶澜教授曾经对“课堂”做过这样精辟的论述：“课堂应是向未知方向挺进的旅程，随时都有可能发现意外的通道和美丽的图景，而不是一切都必须遵循固定线路而没有激情的行程。”课堂教学是实现全面素质教育的重要渠道和基本途径，是培养创新意识和创新能力的主战场。但传统的课堂教学存在着不少问题，如：主要把传授知识作为教学的主要目标而忽视学生的全面发展，表现为“六重六轻”；学生自主学习的空间萎缩，课堂教学存在“高耗、低效”的现象，学生处于被动地位，课堂教学单一性。为了适应现代社会对人才的基本要求，我们必须改革传统的课堂教学模式，构建现代课堂教学体系，让学生主动参与学习，变教会为学会，变学会为会学，最大限度地促进学生的全面发展。

一、推进学生素质教育对于教师的要求

（一）具备扎实的教学基本功

全面推进素质教育，推进新课程改革，教师是关键，而教师的基本功又是搞好教育教学工作的前提条件。随着课改的深入，教师的基本功也在不断变革，不断变换其形式，丰富其内涵，面临新课改，适应新形势要求，教师必须具备如下基本功：

1.“语言”的基本功

常说的“讲”功。语言是一门艺术，教课语言也要讲究艺术，语言表达能力是教师基本能力之一。具体内容包括：讲授的内容要正确、科学，概念准确，有思想性，对学生有积极的思想教育作用。讲授逻辑性好，有系统性，条理清楚，层次分明，重点突出；讲授方法要采用启发式，克服“满堂灌”。教师要有讲课的技巧和艺术。如：语言生动，有启发性；语调要抑扬顿挫；讲究说话的态度和方式，学会运用生动、幽默、形象化的语言等。教师要巧用善用体态语言。

2.“板书”的基本功

好的板书能给学生留下深刻印象，因此每节课的板书计划，教师在备课时都要预先设计好，板书逻辑严谨，简洁有序，布局合理，板书内容一气呵成，一目了然，字体清楚规范、大小适当，重点内容可用彩笔突出。特别是政治学科的专业术语书写要规范，读音要准确，以避免以后学生在书写时出现别字和错字。

3.“教法”的基本功

教学方法含两个意思，一是教师如何教，二是教师指导学生如何学，后者比前者更重要。作为一名教师，对常规的教学方法，诸如讲解法、讲述法、讨论法、问答式教授法等，不仅在理论上

有完整的认识，而且能付诸实践，在课堂上能有机配合使用，当前的教法改革实质都是让学生“动”（动口、动手、动脑）起来。而“教学有法、教无定法”，最根本就是在教学过程中如何体现“以学生为主体，以教师为主导”的教学思想。好的合适的教学方法使得课堂上学生的主体与教师的主导作用都得到充分发挥，教师循循善诱，学生积极主动，这是教师在教法上的基本功夫。

4. 现代信息技术的基本功

现代信息技术与课程的整合是新课程改革的一大焦点，也是改变传统教学方式方法的重要标志。实现这一整合的关键是教师，教师的信息素养、技能准备决定了信息技术应用的程度和效果。因此，在某种程度上我们可以说，适应新课程改革需要教师具备的新的基本功就是在教学中整合现代信息技术。

5. 课程开发与课程实施的基本功

新课程改革实行三级课程管理政策，校本课程开发与实施客观上要求教师不仅要思考怎么教的教学问题，同时需要思考教什么的课程问题。为了成功地开发适合本校学生学习需求的课程，教师需要掌握基本的课程开发和课程实施技能。如学生学习需求评估技能、教材分析技能、开发和利用课程资源的技能、组织课程内容和安排教学活动的技能等。校本课程开发不仅需要教师理解课程标准的目标要求，了解教材的知识体系和重难点，而且要求教师首先要了解学习主体的学习需要，了解他们已有的经验，了解他们的个别差异，然后根据他们的需要、经验及差异开发、选择或者重组各方面的课程资源。校本课程开发还需要教师不断地反思自己的教学效果，不断地根据反思的结果调整课程内容及教学方式。总之，新课程要求的教师的课程开发与课程实施的基本功对所有教师来说都是一个全新的学习和发展领域，今后还需要我们在实践中不断探索。

6. 协作教学的基本功

长期以来，教师的教学都是孤立地、分别地展开的，但是新课程倡导的探究学习、合作学习、综合学习等学习方式的转变及课程整合、校本课程开发等新的课程实践，都需要教师之间的协作。另外，在建构教学的范式之下，不仅需要教师与教师的协作教学，而且需要教师与学生之间的协作，学生与学生之间的协作。因此，新课程的实施需要教师学会如何与他人协作的基本功。

7. 教学科研的基本功

课程改革提出了许多新的教育思想和理念，设立了许多新的改革目标，这些理念和目标是否适宜，还有待实践时检验。而最终的检验者应是第一线的教师。教师能否担当得了这样的角色，取决于教师的研究意识和研究素质。另外，新课程改革需要改变过去灌输的教学行为习惯，这客观上要求教师有一种批判、反思的科研精神。新课程在实施过程中还会出现许多新的问题，也会产生一些矛盾，这同样需要教师对其中的一些问题展开研究，形成认识。总之，新课程需要教师成为一个研究者。

8. 教学评价的基本功

传统上，教师对教学的评价工作不外乎评定学生学业成绩和期末小结自己的教学工作。新课程提出的发展性学生与教师评价的思想，需要教师在学生评价方面，除了掌握传统的以考试为主要评价手段的评价方法和技能之外，更需要学习新的形成性评价的方法与技能。发展性评价要求评价贯穿教学过程的始终，要求评价充分体现被评价者的个别差异，要求被评价者的积极主动的参与，这一切都需要教师善于在日常的教学中观察学生的行为表现，学会运用一整套的技术即时记录学生的日常表现，收集和整理学生在各方面的评价信息，并有意识地发动学生主动参与评价，帮助学生形成自我评价的能力，同样，发展性评价还要求教师要更加主动、更加客观地评价自己，不断地反思自我，将自我评价与教学改进及专业成长融为一体。新课程改革向一线教师建议的质性的评价策略和技术主要包括：个人成长记录袋、成长自述、实作测试、案例分析等。其中，学生个人成长记录袋是目前国家课程实验区普遍推行的一种评价工具，但如何更好地使用个人成长记录袋，如何提高成长记录袋的评价效用，还需要广大教师在改革的实践中不断探索。尽管有一些新的评价工具及评价技术还在进一步的摸索当中，但毋庸置疑的是，教师必须在改革的实践中磨炼自己的评价“功夫”。

总之，时代发展对教师提出了许多新的要求，使得我们必须重新思考教师的教学基本功，以使我们能练就一套适应课改需要的教学基本功。

（二）熟练掌握本学科知识

掌握各学科新教学大纲及新教材的基本内容、新教材的知识结构、重点难点、学科教改的新动向；尤其要熟练掌握各课、编教案、教学语言的运用、板书设计、相关学科知识的运用；现代教育技术的应用等课堂教学基本技能。同时，根据各学科的不同特点，掌握本学科特殊的教学技能；在规范掌握教学技能的基础上，鼓励教师进行创新教学尝试。面对新教材，我们每个教师实际上都面临一次挑战，不仅我们的角色和定位发生了巨大的变化，而且我们与教材的关系也由过去的忠实执行变为平等对话。因此，首先要求我们要与课程标准、教材对话，与各种教学资源对话。通过对话，深刻理解课标精神，准确把握教材，有效利用各种课程资源，并在此基础上进行超越创新，把死的文本变成活的教学设计。

1. 与课程标准对话，全面理解课标

我们要准确全面理解新课程标准的精神，了解内涵及其特点，在充分研究标准的基础上，实现超越。对话过程中请注意，一些课程标准解读的详细说明和解释，其目的是帮助教师更深入地理解课标精神，更完整地把握课标内容，但就我们教师的教学设计来说，它只是一种参考和可利用的资源，绝不能代替我们自己的思想。现在市面上有各种各样的教学设计，我们在利用时一定注意不能照搬照抄，一定要注意差异性，同一个教学设计在这个班级有效，但在另一个班级可能是无效的。新课改提倡课堂教学的生成性，教师的教学设计也应该是生成性的，做到别人的方法为我所用，但绝不是跟在别人的后面打转。

2. 要与教材对话，深刻理解教材

特级教师路培琦说：“教材就是提供给老师进行教学的素材，是给你一个教学思路，你要利用这个素材和思路，达到你的课堂教学目标，因此不能照本宣科。不能把教材当作圣经来念。”过去把教材叫作“课本”“课本，课本，上课之本！”现在称之为“教材”“教材，教材，教学的素材”。这不仅是形式上的变化，更是教育理念上的变化。那么与教材对话该如何展开呢？

（1）通览全局，整体把握。教师在拿到一本新教材后，首要的一件事就是通读教材，从整体上把握教材知识体系、编排体系，明确各部分内容之间的关系，把握其地位和作用，经过分析、理解、咀嚼和消化，内化为教师心中的知识点。在此基础上，弄清重点、难点和关键。这三者都需要从教材内容的联系中去把握。这样就能够把握教材特点，做到心中有数。

（2）酌取精要，以小见大。新教材的编写，为学生的主动探究提供了时间和空间，因此，我们在与教材对话中，要善于引领学生，带他们进入文化的洪流，见识一个生机盎然的世界。要遵循教学规律，寻找由小到大的转换契机，使师生心灵在与教材的对话中得到滋养。

（3）融汇综合，荟萃精华。教师在与教材对话时，除了与手中教材对话外，还要与其他版本对话，新旧版本对话，学会整合；同时新课改还倡导打破学科之间的界限，实现学科内容和方法的整合。

二、授业与传道相结合原则

（一）授业与传道相结合原则的含义

授业与传道相结合原则，是指在思想政治课教学中，既要把思想政治理论知识传授给学生，又要注意对学生进行思想教育，就是既要进行智育，又要进行德育，把二者有机地结合起来。在思想政治课教学中，只有处理好授业和传道的关系，才能体现思想政治课的两种属性，完成思想政治课的教学任务。

（二）贯彻授业与传道相结合原则的意义

1. 授业与传道相结合原则，是思想政治课两种属性的体现

通过思想政治课对学生进行马克思主义理论教育、社会科学知识教育和道德规范知识教育，是思想政治课的教学目的之一。但学生学习马克思主义的有关知识并不是思想政治课主要教学目的，主要教学目的是对学生进行思想政治教育。授业，就是向学

生传授马克思主义基础理论知识，它是思想政治课教学科学性的体现。传道，就是通过理论知识的学习，向学生进行思想政治教育，它是思想政治课教育性的表现。科学性和教育性是思想政治课的两种属性，这两种属性在教学中缺一不可。在思想政治课教学中如果只强调理论知识的讲授，而忽视对学生进行思想政治教育，思想政治课就会变成纯知识课，就不能提高学生的思想政治觉悟；若讲不清理论，学生搞不清理论，失去马克思主义理论的指导，也就谈不上思想政治教育，形不成马克思主义的立场、观点和道德品质。只有在教学中把传道和授业很好地结合起来，才能做到既教书又育人。

2. 授业与传道相结合原则是贯彻党的教育方针的要求

党的教育方针要求，教育必须为社会主义现代化建设服务，必须同生产劳动相结合，培养德、智、体全面发展的建设者和接班人。根据党的教育方针，要使学生成为有社会主义觉悟、有文化、有健康体魄的建设者。这就要求教育活动不但要讲知识，讲学问，而且还要对学生进行道德教育、人格教育。这个要求对学校各个学科都有意义，特别是对德育课程来说，更要把这一条当作教学原则贯彻。如果思想政治课只讲知识，不进行思想教育，忽视对学生德行的培养，就违背了党的教育方针，同时也违背了授业和传道相结合的原则。

三、 从学生实际出发的原则

（一）从学生实际出发原则的含义

在思想政治课教学中，主要的目的不是为了授业而是为了传道，就是要对学生进行道德教育。对学生进行德育，就必须从学生的实际出发，要根据学生的不同情况，按照学生认识问题的规律，根据学生的不同个性，有针对性地进行教育。学生是教师实施教育的对象，教师用什么样的理论、思想、观点、途径、手段对学生实施教育，这不但要从教育目标出发，还要根据学生的具体情况来进行。因为学生的学习活动，特别是接受德育这种活动，是学生认识客观世界、改造主观世界的一种认识活动。学生作为认识的主体，他能否认同和接受教师的教育，最终只能靠他自己来实现。由于学生的知识水平、认识能力不同，他们接受教育的能力是有差别的。另外，由于学生的个性不同，心理状态不同，他们接受教育的情况也不会相同。所以教师在教学过程中进行具体操作时，不要搞一刀切，要针对学生的不同情况，从学生的实际出发，采用不同的教学方法，多方面调动学生的学习积极因素，这样才能收到良好的教学效果。教学中的这条要求，就是从学生的实际出发的原则。

（二）贯彻从学生实际出发原则的意义

1. 从学生实际出发的原则是马克思主义认识论在教学中的具体运用

实事求是，是马克思主义认识论的精髓，它告诉我们，矛盾的每一个侧面都有其特点，对于不同矛盾，采用不同方法来解决就是实事求是的方法，这是解决主客观矛盾的最好途径。在教学中，主观的一方是教师，而客观的一方是指被教的学生，解决教学中主客观矛盾的方法就是从学生的实际出发。学生的实际，就是指学生的知识、思想和个性心理发展特点。认清学生的实际，是寻找教学规律和方法的依据。在教学过程中，只有使教师的主观教学意图同学生的客观实际相符合，教与学的矛盾才能被解决，教学才能取得好的效果。在实际教学中有的教师不顾学生的实际知识水平、思想状况和个性心理发展特点，只按照自己的主观想法去教学，使主客观脱节，教与学脱节，所以就不会取得最佳教学效果。产生教学效果不佳的主要原因，是教师违背了主观要符合客观、教学意图和做法要符合学生实际的唯物主义原理。

2. 从学生实际出发的原则是克服教学上主观主义倾向的最好办法

有些教师在教学中，只研究自己如何教，不研究自己教学的对象，不掌握学生目前的知识水平，不考虑学生的不同接受能力，结果有的知识讲得过深过快，有的学生接受不了；有的知识学生已经掌握了，可教师还花费时间不厌其烦地讲解，结果浪费了学生不少宝贵的时间；有的教师在教学过程中不考虑学生的身心发展规律，不顾学生的天资、个性、家庭和社会环境影响上的差异，统一要求，同样施教；也有的教师，课前不了解学生学习中、生活中存在的什么问题，也不去调查学生存在的思想状况，讲课时盲目联系学生思想实际，学生不但没受到教育，反而对教师的做法产生反感。以上几种做法，教学效果所以不佳，其主要原因是教师在教学中犯了主观主义的毛病。主观主义不但是做一切事情的大敌，也是教学的大敌。克服教学过程中主观主义的毛病，最好的办法是贯彻从学生的实际出发的原则。在思想政治课教学中，不论是确定教学思想、教学内容，还是确定教学进度、教学方法，都必须考虑学生的客观存在，都必须从学生的实际出发，有的放矢地进行教学，否则教学就不会取得成功。

四、正面教育与积极疏导原则

（一）正面教育与积极疏导原则的含义

正面教育与积极疏导原则，就是指直接用正确的思想政治理论对学生进行教育，教育过程中要摆事实，讲道理，鼓励学生克服缺点，发扬优点，积极进取。

所谓正面教育，就是用正确的思想政治观点对学生实施教育，向学生灌输马克思主义理论，给学生讲道理，用事实说服教育学生，用正确的思想开导学生，使学生受到教育，又不感到有压力。

所谓积极疏导，就是指在对学生进行思想教育时，对他们想不通的问题，或者认识的障碍进行启发和开导，使他们的思想和行为向正面转化。疏，就是疏通化解之意，在思想工作中由不认识到认识的过程。导，就是开导、指引之意。思想工作是很复杂的，不经过仔细的疏导工作是很难做通的。疏导工作要采用多种形式来进行。首先，要从正面讲道理，使学生积极接受马克思主义理论知识，然后消除自己错误的思想和认识，促进思想和行为上的进步。其次，要循循善诱，启发引导，要从正面以理说服人，以情感动人，以事实教育人，不能采用“高压”和强硬的手段进行思想政治教育，那样做不但收不到好的教学效果，反而会引起学生的反感。最后，运用典型示范，从正面鼓励学生进步。典型示范，是通过一些具有代表性的模范人物，以他们的先进事迹和模范行为去感染学生，去影响学生。榜样的影响力量是很强的，它具有形象、生动、具体的教育特点，采用这种方法进行正面教育，不但说服力强，而且让人信服。

（二）贯彻正面教育与积极疏导原则的意义

1. 坚持正面教育与积极疏导原则，是由思想政治教育过程的特点决定的

学生的思想品德形成过程，是知、情、信、意、行的过程。这个过程中的几个心理要素之间是相互联系、相互影响的，每个

过程都充满矛盾。思想政治教育过程，就是克服困难和解决矛盾的过程。解决矛盾不是自然进行的，而是要做很多复杂的疏导工作。在这个过程中，主要是调动积极因素，促进思想矛盾的转化，这就需要进行正面教育。进行正面教育，就是调动学生的积极性和促进学生思想矛盾的转化。

2. 正面教育与积极疏导原则，是由我国教育性质和任务决定的

我们的教育是社会主义教育，教育的目的是为社会主义现代化建设培养全面发展的建设者和接班人。在为社会主义现代化建设培养接班人的过程中，思想政治课承担着德育任务，即用马克思列宁主义、毛泽东思想、邓小平理论和“三个代表”重要思想武装学生。这个德育任务本身就要求必须要对学生进行正面的理论教育，在教学过程中要用理论、榜样和细致的思想工作启发引导学生。在进行教育时，教师要从培养社会主义事业接班人的目标出发，要对自己的工作充满社会责任感，对学生要怀有浓厚的情感，要关心和爱护学生，给学生讲清道理，指明方向，而不能采用欺骗、强迫和体罚手段去驯服学生。坚持正面教育和积极疏导原则，实际上也体现了我们社会主义国家的教育性质。

五、师生民主合作原则

（一）师生民主合作原则的含义

师生民主合作原则，是指思想政治课教学中教师和学生以平等的身份参与教学活动，相互结成团结、协作的关系。

思想政治课教学应体现师生双向活动，即教师向学生传授马克思主义基本理论知识、道德规范、思想方法、学习能力等；而学生通过本身的心理活动接受教师传授的思想、观点、知识、方

法和能力等，所以教学是一种双向活动。教学不是一种单向的知识和思想的传递，而是传递和接收的双向活动。只有教师的主动传递而没有学生的积极接收，这种民主合作关系，学习任务是不能很好完成的。

教学过程是一个师生共同参与、互相合作的复杂的双边活动过程。学生是认识的主体，而不是被动的接收器。所以在教学过程中，不但要发挥教师的积极性，改进教学方法，而且要调动学生的积极性，不断提高学生的学习能力，这样才能取得好的教学效果。

（二）贯彻师生民主合作原则的意义

1. 能调动学生的学习积极性

教师在学习过程中平等地同学生讨论一些学习问题，讨论一些社会热点问题，交流一些思想问题，少一些空洞说教，就会清除一些学生对思想政治课的反感和排斥心理。让学生在学习中发表不同意见，使他们在轻松活泼、民主的气氛中学习，就会提高学生学习这门课程的兴趣和积极性。学生会感到政治教师是他们的知心师长，思想政治课能帮助他们指点迷津，分清是非，他们就会亲其师，信其道，愉快地接受教师的教育。

2. 能提高学生对实际问题的分析能力和语言表达能力

由于教师组织学生讨论教学难点、疑点，引导学生正确认识一些社会问题，而且鼓励学生发表自己的看法，不仅扩大了学生的知识面，也锻炼了他们的表达能力和认识问题、分析问题的能力。

3. 能培养学生的学习能力

教师尊重学生的主动精神，给学生阅读教材的时间，并在此基础上让学生分析教材的层次，掌握教材的基本知识点并列出知识结构表，使学生了解知识之间的内在联系。由于学生同教师互相合作，和谐融洽，互相支持，沟通了思想和感情，共同研究解决教学中的问题，久而久之也锻炼了学生的学习能力。

六、课内课外教学活动相结合原则

（一）课内课外教学活动相结合原则的含义

思想政治学科教学课内课外教学活动相结合原则，是指在思想政治课教学过程中，以课堂教学为主，坚持课内课外教学相结合，既要重视课内教学，也不忽视课外教学活动，把二者结合起来，共同完成教学任务。思想政治课教学必须坚持以课堂教学为主，思想政治教育工作是理论性很强的工作，系统的德育理论为学生提供了德育认识的工具，对学生的思想道德成长具有重要的指导作用。所以，课堂教学在学生品德心理形成过程中起着重要作用，具体地说是灌输理论，提高道德认识的作用。但德育理论本身并不具有直接的应用性和可操作性，德育理论揭示人的道德成长的普遍规律，它只能对学生的道德发展起原则性的指导作用，而不能代替学生去接触社会、接触人群。德育过程同一般的教学过程相比带有更大的复杂性。有些知识学了之后很容易变成真知，如有些科学定理学了就可以应用它解题，而德育理论应用就比较难。一般的教学过程同德育过程既有联系又有区别。实践在德育过程中显得更为重要。

实践活动和交往是品德心理形成的基础。思想和道德的培养寓于学生的活动之中、行为之中，寓于各种社会关系之中。学生的心理品德形成，离不开学生的直接的课外活动。学生在课外活动中可以和不同的个人、集体相接触，在这个过程中提高他们的认识水平、判断能力，培养感情、意志品质、行为习惯等。在接触实际生活中对他们原有的心理状态做出调整，在认识外部条件时，也使学生主体自身接受了教育。所以在德育中必须坚持课内与课外活动相结合的原则。

（二）贯彻课内课外教学活动相结合原则的意义

1. 贯彻课内课外教学活动相结合原则，是由思想政治课的实践性决定的

中学思想政治课主要是传授马克思主义理论基础知识，马克思主义科学最根本的特征在于它的实践性。它是革命领袖对社会实践所做的高度概括和总结，并且已被实践验证了的科学理论。但对于接触社会实践较少的中学生来说，它是间接的知识和经验。学生学习间接经验要以学习直接经验为基础，抽象的理论知识只凭教师课堂讲授是很难被学生接受的。通过课外活动可以充实丰富学生的感情知识，从而加深学生对抽象的德育理论知识的理解。

2. 贯彻课内课外教学活动相结合原则，可以培养学生发现问题、提出问题、解决问题的能力

课内教学的一些弊端，特别是在培养能力等方面存在的缺陷主要靠课外活动来弥补和克服。课外教学活动是学校教育教学工作大系统中极其重要的部分，是教学活动不可缺少的部分。课外教学活动的显著特点是使学生能走出课堂到广阔的天地里去接触人群、社会和大自然。由于在课外活动中能发挥学生个人活动的独立性，个人活动的机会多，遇到的实际问题也多，促使学生自己动脑去思考问题。这样，学生的学习积极性、主动性和创造性就会在课外活动中得到发挥。由于课外活动内容丰富，并且具有复杂性、多样性，学生的思维能力、分析能力、交往能力、克服

困难的能力、解决问题的能力也会得到培养和提高。

3. 贯彻课内课外教学活动相结合原则，有利于学生思想品德的培养和提高

培养学生良好的思想品德是思想政治课教学的主要目的。良好的思想品德的形成不仅要解决认识问题，还有一个由知到行的实践发展过程。课外活动的内容很丰富，是集思想教育活动、兴趣活动、群体活动于一体，具有独特的教育功能。学生在参观访问、社会调查活动中，可以激发他们热爱祖国、热爱社会主义建设事业的思想感情；在访问先进模范时，他们会从先进人物身上学到一些好的思想和品德；在集体活动中，可以培养学生的集体主义观念、团结友爱的精神和遵守纪律的良好品质。德育活动是一种社会活动，而且是一种开放系统，所以德育课必须贯彻课内课外相结合的原则。

七、创新性原则

（一）创新性原则的含义

思想政治学科创新性原则，是指在师生社会实践和教学实践的基础上，遵循事物发展的规律性，在教学方法上和教学内容上，大胆想象，扩散思维，敢于求异，在教学中不断创新，培养学生创新才干和创新思维。鼓励学生对德育中的问题进行大胆探索，教师要尽可能为学生创设和提供创新情境。教师要充分信任学生，尊重学生的创造精神，对学生给予宽容和鼓励，让学生破除“唯书”“唯师”的陈旧观念，彻底改变“教师说了算，学生课堂围着教师转”的现象，创造出宜于萌生独特见解的氛围。

（二）贯彻创新性原则的意义

1. 贯彻创新性原则，有利于开发学生的创造潜能

创造是人类特征之一，是人类生存发展的手段。如果不会创造只会重复，人类就不能进步，就不可能有更好的生存条件和生活质量。作为人类特征之一的创造，不可能自然产生和显现，它必须通过恰当的教育，通过学校的各种创造性教育活动来开发学生的创造潜能。每个正常人都潜存着巨大的创造资源，学生也如此。每个学生都具有创造潜能，他们是创造教学的对象，创造教学的目的是培养学生的创造习惯，树立学生的创造观念，开发学生的创造潜力。

2. 贯彻创新性原则，有利于培养学生健康的个性

当前教育比较先进的国家都注意培养学生的个性，因为健康的个性之一就是创造性。要将我们的学生培养成创造型人才，就要塑造学生健康的个性。应试教育，以分数论英雄，判断一个学生是否优良，仅以分数而定，为了获取世俗意义的成功，为了取得好的分数，许多学生不得不尽力压制自己的个性，没有自己的兴趣和爱好。为追求分数，对什么问题也不敢提出自己的想法和见解，只好唯书、唯师。很多有才能的学生，有个性特长的学生被分数压得抬不起头，在有些靠死记硬背的高分学生面前显得“无能”。著名科学家杨振宁非常反对把学生培养成念死书的人，他认为念书不应是学习的目的，而应是创出新知识、新体系的手段，中国学生之所以固于书本，是因为分数与日后前程密切相关，这种以分数论英雄，对特殊才能的学生压抑就更为可怕。如果我们国家培养的学生不具备创造发明能力，无论对人类社会、国家和学生本身都是不利的。教育的使命是培养学生的创造力，发展学

生健康的个性。教师在教学中坚持创新性原则，就能给学生个性发展提供一个身心自由的空间，让学生积极地表现自己的个性和优势。

教师要通过教学做到：培养学生创新意识，保持好奇心，不满足现有知识，富于想象，大胆实践；培养学生创新能力，不盲从权威，经得起挫折和失败；训练学生创新思维，对问题敢于刨根问底，求知欲旺盛，喜欢和别人争论问题，思维灵活、敏捷，善于多方位思考问题，爱幻想，以创新为己任。只要我们坚持创新教育原则，就会培养出有利于国家和学生个人发展的创新型人才。

八、鼓励为主原则

（一）鼓励为主原则的含义

在思想政治学科教学中，以鼓励为主的原则，是指在教学中，不论学生是在学习中的表现，还是思想品德中的表现，教师都要多给学生以肯定、鼓励和表扬。教师应以兴奋的情绪、热切的关注、殷切的期待、友好的感受去激励、唤醒、鼓励学生，帮助学生树立取得成功的信心。鼓励应该是一条重要的教学原则。学生的成长、成功，离不开教师的鼓励。教师应当为学生每一个优点、闪光点、进步和成功鼓掌。学生在困境中，更需要教师的鼓励。学生应该在教师的鼓励、鲜花和掌声中长大。教师的一个温暖的话语、一束期待的目光、一句激励的评语，可能会改变一名学生对学习的态度、对人生的态度。教育不该摧残人才，而是通过鼓励培养人才。

（二）贯彻鼓励为主原则的意义

1. 多鼓励学生，增强学生的自尊心

人活在世上，不但有物质需要，而且要有高层次的精神生活。对人来说，有时自尊比面包还重要。许多教师总是指责学生，挖苦学生，关键是不尊重学生的自尊心。学生正处在成长中，犯点错误，有点毛病是极正常的事。学生需要教师的尊重和爱护。尊重好学生的自尊心容易，尊重差生的自尊心不容易，能做到尊重故意气教师的差生更不容易。对于差生教师容易简单粗暴，但你一旦做到了尊重所有学生的自尊心，就显示了崇高的人格。教师对学生的尊重、鼓励、欣赏往往会改变学生的一生命运。如果学生在教师批评和指责中长大，他会冷漠一切，挑剔一切，他会在阴暗中看人生，也会痛苦一生。

2. 多鼓励学生，增强学生成长的自信心

鼓励是一种教学艺术。一个人必须感到成功，对成功有信心，才能够成功。教师在教学过程中，应该多给学生鼓励，强化学生成功的信心。教师对学生每一点成功都要给予鼓励，使学生感受到自信的见证，成功的喜悦，获得克服困难的勇气。

三、培养学生独立思考的能力

按照教学大纲的要求和教学过程的特点，采取相应的教学方法，积极进行启发式、讨论式和探究式教学，引导学生参与到教学过程中，鼓励学生具有独立思考和开拓创新精神，激发兴趣、发展特长，以提高其适应客观世界的能力。通过对政治基本理论知识的教学，引导学生从问题、图表、数据等情境中分析教材中知识的内在联系，并通过加工、整理、贮存等信息处理方法，使学生形成比较、判断、推理、分析和综合等思维能力，并能够对所学知识灵活运用，触类旁通。在此基础上，进一步让学生发挥自觉性、独立性和创造性，成为学习的主体，逐渐培养起独立学习、独立思考的能力，并有自己的独特见解，培养其创造能力。在日常教学过程中，政治教师为贯彻这一原则，必须做到以下几点。

1. 经常对学生进行目的性的教育，树立正确的世界观、人生观、价值观

中学生正处于青春期，并向成年人过渡，自我意识和独立性逐步增强。在初中阶段帮助学生形成良好品德，树立责任意识和积极的生活态度，对学生的成长具有基础性的作用。政治教学的一个重要任务就是引领学生感悟人生的意义，逐步形成正确的世界观、人生观、价值观和基本的善恶、是非观念，学做负责任的公民，过积极健康的生活。因此，要高度重视政治教学过程中的目的性教育，并且要善于进行广泛性的、多层次的教育形式，让目的性教育由远到近、由大到小。远大的目的是根本目的，如果缺乏就会使学生迷失方向，让社会上一些腐朽落后思想有机可乘；较近的目的是现实性的，如果缺乏就会使学生感觉很遥远，不利于长久保持自觉积极向上的学习态度。

2. 注重引导学生理解学习过程，掌握学习方法，培养学习兴趣

学生必须理解每课学习所要达到的目的，学习的要点、步骤和方法，才能掌握学习的主动权。政治教师不但要让学生知道学习什么，而且要让学生懂得如何学习。对于中学生来说，懂得如何学习比被动的“填鸭式”学习来得更为重要。让学生理解了学习的过程并且掌握了学习的方法，就能较好自己安排自己的学习进程，增加学习信心，自我检查学习效果；也才能引发学习的创

造性与培养学习的独立性，克服死记硬背、不求甚解等一些不良的学习习惯。在学习过程中，教师要重视兴趣对学生在学习过程的重要作用，能让学生收到事半功倍的学习效果。兴趣是人积极探究某种事物的认识倾向，学习兴趣是促进学生勤奋学习的重要动力，是主动学习的开端。作为政治教师要善于联系实际，提出问题，给学生以充分的学习空间，主动参与到学习过程中去。

3. 掌握学生在学习中的心理状态，发挥各种非智力因素的积极作用

对学生学习起作用的心理因素是有很多种的，可以归纳为智力因素和非智力因素。智力因素的作用是直接的、主要的，非智力因素也不可忽视。作为一名学生，智力上的水平有一定差别，这是客观现实。智力水平低的学生，可以通过非智力因素弥补智力上的不足；智力水平高的学生，也可以通过非智力因素取得更大的成绩。因此，政治教师应努力调动学生积极的心理因素，使他们具有强烈的学习动机、浓厚的学习兴趣、顽强的学习意志。而这些心理因素的外在表现就是学习态度。政治教师要经常注意学生的学习态度，及时分析研究，不断地鼓励他们端正学习态度。

4. 严格要求学生，确保达到良好的学习效果

严格要求学生，与发挥学生自觉性、独立性是一致的。严格要求，不仅是发挥教师主导作用所必需，也是引导学生从被动走向主动所必需，是培养学生自觉性、独立性与创造性的必要条件。中学生的智力水平、知识基础、学习态度差异性很大，只有严格要求，才能收到良好的教育效果，才能促进学生学习的自觉性，培养学生学习的独立性。严格要求学生，教师首先要严格要求自己，树立严谨求实的榜样，这样才能以身作则，收到良好的教育

效果。

5. 重视学生的心理健康教育

我们的教育只注重对学生进行知识的传授和能力的培养，而忽视了对学生进行心理健康教育，致使学生的心理素质相对较差，再加上受到周围环境中不良因素的影响，极易产生心理问题，表现为学习上厌学，纪律涣散，逃学，抽烟、喝酒、打架，泡网吧等。如果这些问题得不到及时解决，就会越来越严重，甚至演变为心理疾病，不仅在精神上感到十分痛苦，终日饱受心理上的折磨，而且还会损害身体健康，不利于自身的完善和发展，严重的将无法过正常人的生活。因此，我们必须通过各种渠道向学生灌输相关的心理健康方面的基本知识，使他们在遇到困难和问题，甚至遭受严重打击和不幸时能够运用所学知识和一些基本的心理治疗法进行自我调节，以维护自身的心理平衡，在必要时能主动积极地寻找心理医生获得相应帮助和治疗，以恢复心理健康。此外，我们还应通过心理健康教育引导学生采用科学方法不断提高心理素质，增强自身承受挫折的能力，以卓越的信念、热情、自信、勇气、毅力，不断超越自我，战胜困难、挫折、失败。无论遇到怎样的社会生活变动，都能处变不惊，泰然处之。

6. 通过心理健康教育增强学生的社会适应能力

一个心理不健康的人，其感知、认识、情绪、思考及行为反应都会偏离正常人的正常心理，从而很难与周围的人群及社会环境建立和谐统一的关系，最终陷入社会适应不良的深渊。反之，如能在家庭和学校教育中注重对学生存在的心理缺陷的纠正，进一步健全其人格，完善其个性，就可使其更好地适应社会，融入社会生活中。

因此，加强对学生的心理健康教育已势在必行，成为当今中学校的一项重要任务，作为教师在今后的教学中就应不断地探索维护学生心理健康、预防心理问题产生的具体办法和措施，把学生培养成为一个不仅具有健康体魄，而且还具有良好的心理素质的现代化新型人才。

总之，优秀教师对教学质量的追求是永无止境的，成功的教学是一个不断试验的过程，是终生的学习过程。提高教学质量的一系列目标，需要教师研究教育科学理论，不断反思自己的教学实践，倾听学生的心声，提高教学效能，不断探索有效教学的方法，完善有效教学的心理能力。

由此可以看出，政治老师在教学过程中掌握正确的教学方法、扎实的教学基本功，以及作为一个教育者对于学生与教育工作认真负责的态度，虽然文中列举了很多传播传统文化的途径与方法，但是相对于目前中国的教育形式来看，传播传统文化价值的任务依然任重道远，作为一名教育工作者，我们要具有愚公移山的精神，坚持不懈地把传播传统文化价值与政治教育结合起来，使学生在课堂与社会实践活动中，深刻理解传统文化的价值，由被动接受转变为积极学习的态度，接受传统文化的熏陶，拓宽自身的知识面，成为中国的强少年。在传播传统文化的同时，也要擦亮眼睛，明辨传统文化中的精华与糟粕，理解好继承与发展的关系，以启发引导的方式使学生辨别文化差别的能力增强。

综上所论，将中国传统文化与我国当前思想政治教育有机融合，是我国思想政治教育发展的重要方向之一。以中国传统文化为特色，是优化我国思想政治教育文化生态的重要保证。在构成我国当代思想政治教育文化生态的各种文化形式中，中国传统文化无疑是我国思想政治教育最重要的教育资源来源之一。中国传统文化中积淀了丰富的道德学说，形成了较为完备的传统道德教育体系，为我国的思想政治教育提供了目标、原则、内容以及方法等诸方面的丰富资源，思想政治教育不应该也必然不能离开其所处的由我国悠久的历史所积淀的浓厚而优秀的传统文化的文化环境。在社会主义先进文化建设进程中，中国传统文化与思想政治教育相融合的研究将会大有可为、独具异彩。

参　考　文　献

[1] 仓道来.思想政治教育学[M].北京:北京大学出版社,2004.

[2] 陈万柏,张耀灿.思想政治教育学原理[M].北京:高等教育出版社,2007.

[3] 邓球柏.中国传统文化与思想政治教育[M].北京:首都师范大学出版社,1999.

[4] 沈壮海.思想政治教育的文化视野[M].北京:人民出版社,2005.

[5] 赵康太,李英华.中国传统思想政治教育理论史[M].武汉:华中师范大学出版社,2006.

[6] 都培炎.“思接千载”和“与时俱进”——中共对中国传统文化认识的历史考察[M].上海:华东师范大学出版社,2007.

[7] 顾友.中国传统文化与思想政治教育的创新[M].合肥:安徽大学出版社,2011

[8] 梁漱溟.梁漱溟全集.3卷[M].济南:山东人民出版社,1990.

[9] 梁漱溟.梁漱溟先生论儒佛道[M].南宁:广西师范大学出版社,2004.